T0358389

(قُلْ لَوْ كَانَ الْبَحْرُ مِدَادًا لِكَلِمَاتِ رَبِّي لَنَفِدَ الْبَحْرُ قَبْلَ أَنْ تَنْفَدَ كَلِمَاتُ رَبِّي وَلَوْ جِئْنَا بِمِثْلِهِ مَدَدًا)

علم النفس العلاجي

علم النفس العلاجي

الدكتور

عبد الفتاح الخواجة

الطبعة الأولى
2010م

دار البداية ناشرون وموزعون

المملكة الأردنية الهاشمية
رقم الإيداع لدى دائرة المكتبة الوطنية (2009/9/4079)

158.3
الخواجة، عبد الفتاح محمد
علم النفس العلاجي / عبد الفتاح محمد الخواجة، عمان: دار المستقبل للنشر والتوزيع، 2009
. _ عمان: دار المستقبل للنشر والتوزيع، 2009.
(   ) ص.
ر.أ: (2009 / 9 / 4079   )
الواصفات: / علم النفس // العلاج النفسي /

* إعدادت دائرة المكتبة الوطنية بيانات الفهرسة والتصنيف الأولية
*يتحمل المؤلف كامل المسؤولية القانونية عن محتوى مصنفه ولا يعبر هذا المصنف عن راي دائرة المكتبة الوطنية او اي جهة حكومية اخرى .

الطبعة الأولى

2010م /1431 هـ

دار البداية ناشرون وموزعون
عمان - وسط البلد
هاتف: 4640679 6 962+ تلفاكس: 4640597 6 962+
ص.ب 510336 عمان 11151 الأردن
Info.daralbedayah@yahoo.com
مختصون بإنتاج الكتاب الجامعي
ISBN 978-9957-521-03-5 (ردمك)

إهداء

إلى أساتذتي.... الذين تعلمت على أيديهم

إلى إخواني وأخواتي في الإنسانية

إلى الراغبين في النمو والتطور

إلى المربين والمهتمين بالإنسان

إليكم جميعاً أهدي هذا العمل

المؤلف

مقدمة:

الحمد اللـه رب العالمين والصلاة والسلام على الرسول الكريم وبعد:

هذه محاولة جادة، أردت مـن خلالهـا، إيصـال ثمـار علـم الـنفس وخلاصـة بحوثـه وعلومـه ونظرياته، إلى كل إنسان في هذا العصر المتطور المتغير، وبأسلوب مبسط مفهوم، إن علم النفس بكافـة فروعه وجذوره، نبت من الواقع، ودعت إليه حاجات الناس ومشكلاتهم في النمو والتطور المسـتمرين، ثم كانت هناك التجارب والبحوث، وبينت النظريات ووضعت القوانين والإجراءات، وأدلى كـل صـاحب نظرية بدلوه كي يصف السلوك الإنساني ويفسره ويعدل فيـه نحـو الأحسـن، لكـن صـعوبة طـرح هـذا العلم وقولبته بأطر فلسفية وأخرى امبريقية حدت كثيراً مـن الانتفـاع الفـردي لغـير المتخصصـين منـه، وإنني خلال هذا الكتـاب الواضـح لغـة والبسـيط معنـى والعميـق علـماً أردت أن أخطـو مـع القـارئ الكريم، المثقف والمتخصص، الطالـب والمـتعلم، القـارئ المتعمـق والقـارئ العـادي، لأصـل وإيـاهم إلى خلاصة ما رأيت أنه مفيداً، ومطوراً، معلماً ومتحدياً، للفرد الإنسان الذي هـو أسـمى الكائنـات وأعظـم المخلوقات، هادفاً إنارة الطريق، ومقدماً الخبرة النفسية والعلاجية، ومنوعاً في طرحها وعرضها بأسلوب وأفكار مختلفة وجديدة، يستطيع القارئ أن يستلهم منها ما يرى فيه الفائدة، وما قد ينـاسـب قدراتـه ويناسب مشاعره وأفكاره، وإنني إذ ألتمس من القـارئ الكـريم عـذراً فـالكمال لله وحـده، فـإن كانـت هناك مثالب أو أخطاء.... فهي قطعـاً غـير مقصـودة، فـلا زال العلـم يتقـدم ويتطـور ولم يقـل كلمتـه الأخيرة.

لقد تم تقسيم الكتاب إلى عدة فصول مختصرة، وهي غير مترابطة، فـيمكن للقـارئ الكـريم أن يبدأ في أي فصل يريد أو يختار، ثم إن الفصول قد تـم تقسـيمها إلى موضـوعات متنوعـة متعـددة، وأنصح الأخ القارئ، وللفائدة من الكتاب، بقراءة الفصل الواحد لأكثر من مرة، ثم يأخذ ما يراه مناسـباً بنقاط محددة، ثم يسعى لتطبيقها والاستفادة الشخصية منها، وإنني عـلى يقـين بحـدوث تغيـير نحـو الأفضل في السلوك والمشاعر والمنطق الحياتي لدى القارئ الكريم.

إن هذا الكتاب عوناً للمرشد العلاجي في مؤسسته، عوناً للمرشد التربوي في مدرسته، عوناً للمعلم مع طلابه، مساعداً للأب والمربي مع أبنائه... إنني أضع هذا الجهد... بين يدي أولئك جميعاً.

و الـلـه من وراء القصد

المؤلف

مقدمة الطبعة الجديدة:

أصبحنا نحتاج إلى علم النفس وتطبيقاته العلاجية أكثر من أي عصرٍ مضى.. فالتاريخ والتقدم والتكنولوجيا الحديثة، وانهمار المعارف من كل حدب وصوب، وتطوّر متطلبات الحياة زادت الحياة فوق تعقيدها العصري تعقيداً مادي واقتصادي... واجتماعي وبالتالي جرفته الرياح كالأمواج في بحر لجي تتقاذفه حركة متسارعة في محيط وبيئة الفرد الأسرية وبيئة العمل.... والحياة برمتها.

وكان لا بد من هذا الكتاب بطريقته البسيطة علّه يشعل شمعة لدى القارئ والباحث والعامل مع الأفراد ليستوعب ويتوافق ويتكيف مع كل ما هو جديد، وبطريقة هو راضٍ عنها... وقادر من خلالها على تحفيز ذاته باستمرار... ليصل إلى شاطئ أمانه كلما أراد إلى ذلك سبيلاً.

و الله من وراء القصد

د. عبد الفتاح الخواجة

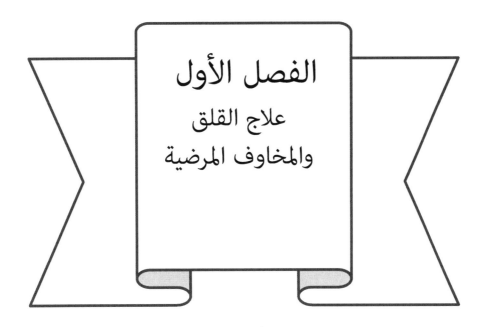

الفصل الأول
علاج القلق
والمخاوف المرضية

علاج القلق والمخاوف المرضية

يلاحظ القلق عند الأشخاص في مناسبات مختلفة من حياتهم، إنه يلاحظ أحياناً لدى طالب الجامعة قبل الامتحان وبخاصة حين يكون استعداده للامتحان غير كاف، ويلاحظ لدى العاملين في ميادين التجارة حين تلوح تباشير أزمة اقتصادية، ويلاحظ عند القائد قبل بدء المعركة وبخاصة حين تكون بعض المعلومات عن تحركات عدوه غير متوافرة لديه.

ويلاحظ عند عدد كبير من الناس المهتمين بالقضايا العامة لوطنهم حين تبدو في الأفق بوادر ثورة داخلية، ويلاحظ عند الأب وهو ينتظر المولود الجديد، وعند الابن وهو ينتظر رد فعل أبيه على نتيجة امتحاناته غير مرضية.

والحديث عن القلق كثير في أيامنا هذه والاهتمام به يزداد في ميادين الحياة العامة وميادين الدراسات النفسية، لا يقف الاهتمام به عند حدوده من حيث هو ظاهرة نفسية، بل يعدو ذلك إلى مكانته في عدد من أشكال الاضطراب النفسي.

وذهب بعض علماء النفس إلى أن الخوف فعل غريزي أولي، ولكن الأبحاث أثبتت أن الخوف أمر مكتسب وأنه يختلف اختلافاً كبيراً من شخص لآخر ومن بيئة إلى أخرى، والخوف إنما ينشأ من مؤثرات خارجية.

أما المخاوف المرضية فهي مخاوف متطرفة ناشئة عن أناس أو مخلوقات أو أشياء واقعية أو غير واقعية، يظهر فيها بوضوح أن الخوف لا يتناسب والمنبه، ومن ذلك مثلاً أن شخصاً يخاف الأفعى يرفض الذهاب إلى حديقة أو في رحلة في العراء أو أي شكل من النشاط قد يتضمن إمكان وجود الأفعى بالرغم من تحققه تماماً بأن الأفعى في المنطقة غير مؤذية أو أنها خالية من الأفعى.

أو حالة سيدة تخشى من الماء الجاري فتخاف أي خرير للماء وحتى صوت شرب الماء، ويمكن القول مثل ذلك في حالة من يخاف الأماكن العالية أو يخاف

ركوب الطائرة أو يخاف الأماكن المفتوحة أو المغلقة، إن الخوف هنا غير منطقي وغير معقول وغير خاضع للسيطرة الإرادية، أساسه خبرة طفولية مخيفة مكبوتة، فضلاً عن أنه يغزو البنى النفسية التي تعاني من سوء التكيف وأعراضه القلق والعصبية والكوابيس.

ويتم التطرق في هذا البحث إلى التوسع حول القلق والمخاوف المرضية وإيجاز عن الخوف وبالتالي التطرق لبعض الأساليب السلوكية المستخدمة في علاج القلق والمخاوف المرضية.

معنى القلق:

تنظر المدرسة السلوكية إلى القلق على أنه سلوك متعلم من البيئة التي يعيش فيها تحت شروط التدعيم الإيجابي والتدعيم السلبي، فالقلق سلوك متعلم مثله مثل أي سلوك آخر، وإن أي مثير عادي يمكنه أن يحدث نفس المثير المخيف إذا اكتسب المثير الأول خاصية الخوف بحيث يصبح مثيراً مخيفاً ومثيراً للقلق لدى الفرد، وعندما يكون الموقف الشرطي شديد وتكرر حدوث المخيف ويتوالى حدوث الخوف الشرطي بدون تعزيز في نفس الوقت الذي يستمر فيه المثير الشرطي فإن القلق يختفي تدريجياً حيث يبدأ الفرد في رفض القلق كأي سلوك غير طبيعي مرفوض، وبمجرد اكتساب الفرد الخبرة غير السارة نتيجة تفاعله مع المثير الشرطي الأصلي فإنه يميل إلى تجنب التعرض لمثل هذه المواقف غير السارة وبذلك يكتسب الفرد سلوك القلق نتيجة تعلمه خبرات غير سارة كأي سلوك متعلم آخر.

ونظرة السلوكيين متباينة مع وجهة نظر التحلل النفسي فالسلوكيون لا يؤمنون بالدوافع اللاشعورية ولا يتصورون الديناميات النفسية أو القوى الفاعلية في الشخصية على صورة منظمات الهو والأنا، والأنا الأعلى كما يفعل التحليليون، بل إنهم يفسرون القلق في ضوء الاشتراط الكلاسيكي، وهو ارتباط مثير جديد

بالمثير الأصلي ويصبح المثير الجديد قادراً على استدعاء الاستجابة الخاصة بالمثير الأصلي.

وقد استطاع جون واطسن (John Watson) زعيم المدرسة السلوكية أن يخلق خوفاً لـدى الطفل (ألبرت) الذي كان يبلغ من العمر (11) شهر، وكان قد تعود اللعب مع أحد حيوانات التجـارب، ثم شرط واطسن رؤية الطفل لهذا الحيوان بمثير مخيف في أصله وهو سماع صوت عال مفاجئ وبعد حدوث الإشراط أصبح الطفل يخاف من الحيوان الذي كان ميسر لرؤيته من قبـل، ويعتبر الحيوان في هذه التجربة بمثابة الموضوعات المثيرة للقلق عند الراشدين مـع إنها كانت موضوعات محايدة في أصلها ولكنها مرتبطة بموضوعات مثيرة للخوف، ومع تعرض رابطة الاشتراط للنسيان.

يرى دولار وميللر أن القلق هو مشاعر بغيضة مشابهة للخوف الـذي يصـدر بـدون تهديد خارجي واضح، وقد يكون القلق حالة سيكولوجية أولية أو عرضاً لمرض جسمي ضمني أو حالة مرضية.

وتفسير دولار وميللر للقلق باعتباره خوف غير محدد المصدر وإن الكبت يجعل من الصعب تحديد مصدره، فلا يساعد التخلص الكامل من هذا الخوف، مما يؤدي إلى شـعور مؤقـت بـالاتزان، إلا أن احتمال تفاقم هذا الشعور بالقلق يظل قائماً.

كما يقول مورر (Morer) أن القلق في أصله يرجع إلى الأسلوب الاشتراطي للفرد، وبنـاء على هذا يمكن تخفيف القلق عندما يصبح المثير المكروه واقعاً تحت تأثير تعزيـز قلقـاً مثـل سـلوك تجنب المثير غير السار سيكون بالتالي مكافئاً لهذا السلوك، ومن ثم يـرتبط تخفيـف القلـق بأبعـاد المثير غير السار الذي يصبح مكافئاً ومؤشراً لتجنب المثير غير السار.

وقد ظهر اختلاف مورر مع فرويد في تفسير القلق واضح، إذا قال فرويد أن الاستعداد للقلق فطري وأن مضمونه مكتسب بينما أقر مورر بأن القلق سلوك مكتسب وفسره بعكس تفسيرات فرويد وقال:

لا ينتج القلق من الأفعال التي لم يتجرد الفرد على إثباتها وكبتها، بل ينتج من الأفعال التي ارتكبها ولم يرضي عنها وهذا يعني أن سبب القلق هو كبت الأنا الأعلى وليس كبت الهو كما أقر فرويد بذلك.

كذلك ينظر دولارد وميللر إلى أن الصراع شأنه شأن القلق متعلم ويتم هذا التعلم أثناء مرحلة الطفولة المبكرة، فالظروف الاجتماعية وما يرتبط بها من عوامل ثقافية واجتماعية تلعب دوراً في تشكيل الصراع النفسي- وتكوين القلق لدى الطفل، حيث تعمل الظروف الاجتماعية والبيئية المحيطة على زيادة تراكم الاستجابات الانفعالية المكررة ومن ثم تؤدي إلى زيادة صدور استجابات القلق والعدوان للأفراد، فالإحباط في نظرهما يؤدي إلى إثارة عدد الاستجابات المغلقة، كاستجابات الخوف والقلق، كذلك فإن الإحباط المستمر يرسخ المخاوف والقلق بشكل صريح داخل الذات مما يظهرها بشكل أوضح في سمات سلوكية ظاهرة لدى الفرد، وبهذا يرى دولارد وميللر أن وجود إحباط متكرر ومستمر لإرادة الطفل يظهر القلق لديه بشكل أوضح وصريح أو يؤدي الإحباط المستمر إلى الخطر من تقدير الطفل لذاته بدرجة تكفي لظهور القلق عنده.

وأعزى (تشايلد) تفوق الأشخاص ذوي القلق المرتفع على الأشخاص ذوي القلق المرتفع على الأشخاص ذوي القلق المنخفض في أداء الأعمال السهلة، تخلفهم عنهم في أداء الأعمال الصعبة مرجع ذلك إلى خصائص هذه الأعمال، وأشار إلى أن علاقة الاستجابة الصحيحة بالمنبه تكون بسيطة ومباشرة في موقف العمل السهل، ولا تعطي مجالاً لظهور

استجابات لا علاقة لها بالعمل، ولذا فإن القلق الدافع يثير الاستجابة للعمل ويتحسن الأداء، أما في موقف العمل الصعب فإن علاقة الاستجابات الصحيحة بالمنبه تكون معقدة، وغير مباشرة مما يدع مجالاً لظهور استجابات كثيرة لا علاقة لها بالعمل لدى الشخص ذو الاستعداد العالي لإثارة مثل هذه الاستجابات، إذن فإن أداء الأشخاص ذوي القلق المرتفع للأعمال المعقدة وانشغالهم بها أكثر من انشغالهم بأداء العمل فتزداد أخطائهم التي يتأثرون بها أيضاً، ويتعذر عليهم الوصول إلى الاستجابات الصحيحة المطلوبة للأداء، أما الأشخاص ذو القلق المنخفض فلا يظهرون استجابات كثيرة لا علاقة لها بالعمل ولا يشغلون بها ويركزون كل اهتمامهم على الأداء، في ذاته، فتقل أخطاؤهم وينجحون بسرعة في الوصول إلى الاستجابة الصحيحة.

تعريف وقياس القلق Definition of measurement of anxiety

تشير كلمة القلق حالياً إلى نوع من السلوك المعقد والمتغير الذي يحدث استجابة لمثيرات داخلية (معرفية) أو مثيرات خارجية (بيئية)، والتي يمكن أن تظهر بوضوح من خلال ثلاث أبعاد (قنوات):

البعد الأول: البعد الذاتي Self report channel:

والذي يمكن للفرد أن تنظر ما بداخله بطريقة لا منهجية informally كأن يقول: "أنا فزعت حتى الموت"، أو يعبر بطريقة منهجية من خلال إجراء اختبارات نفسية يسجل من خلالها درجة القلق الذي عاشه، مثل قلق السمه (trait anxiety) أو في استجابة لمواقف خاصة فيدعى قلق الحالة (State anxiety) ويوجد اختبارات لقياس هذا النوع من القلق، ويجب تفسير نتائج هذه الاختبارات بحذر لأن استجابة الفرد لمقاييس تقرير الذات يمكن أن تكون موضوعاً لعدة أنواع من النزاعات المقصودة وغير المقصودة، فقد يظهر بعض الأفراد مستويات قلق أقل مما يختبرونه واقعياً من أجل إرضاء المعالج أو من أجل إظهار أنفسهم بأنهم أصحاء نفسياً، ولكن بعضهم يبالغ في تقرير الذات من أجل إظهار استجابات تظهر بأنهم مرغوبون من قبل المعالجين أو ربما من أجل جلب الانتباه.

البعد الثاني: الإثارة الفسيولوجية Physiological arousal:

ويشمل هذا البعد على نشاط الجزء الودي العصبي الذاتي Sympathetic Branch of the Autonomic Nervous System ويظهر الأشخاص عناصر قلقهم الجسدية من خلال تغيرات فسيولوجية، مثل اضطرابات النفس، وارتفاع ضغط الدم، والتعرق، وسرعة نبضات القلب، وتغير لون الجلد، وجفاف الحلق، وما شابه ذلك.

وتوجد بعض العوامل التي تؤثر في الاستجابات الفسيولوجية، مثل: درجة الحرارة، الحركة، وزن الجسم، النشاط المعرفي، وقد لا يكفي قياس القلق من خلال نشاط فسيولوجي واحد كسرعة القلب مثلاً، فقد يظهر كل فرد استجابات فسيولوجية تختلف عن الآخر لذلك لا بد من استعمال مقاييس متعددة.

البعد الثالث: السلوك الجسدي والحركي العلني:

Vert Somatic behavior:

ومن ذلك الرجفة والتأتأة والتي تأتي إما نتيجة للإثارة الفسيولوجية أو وسيلة لتجنب أو الهرب من مثيرات محددة، وتقدير القلق في هذه الحالة يتألف من الملاحظة المباشرة لما يمكن تجنبه أو يؤديه الفرد من الضغط النفسي كما في حالة (إلقاء الخطاب أو أداء امتحان أو لمس حيّة أو ما شابه ذلك).

وتقدير الملاحظات من خلال مقياس أو أنظمة تقدير أخرى تسمح بمقارنة الاستجابات السلوكية الظاهرة لموضوع ما بأي موضوع آخر، ولكن هذا الأسلوب لقياس القلق يعتبر حساس لنزعة ما بصورة رئيسية خلال عوامل اجتماعية أو موقفية على سبيل المثال، المواضيع التي لا تشجع لإنجاز مهمة بسبب ضغط نفسي ممكن أن تظهر قلق سلوكي ظاهر أكثر مما يتطلب موقف الاختبار غير المخوف بصورة واضحة.

يعتبر تحديد القلق مشكلة متعددة جداً لأن المصادر الثلاث للقلق غير مرتبطة جداً مع بعضها، فالشخص الذي يعاني من القلق بسبب موقف ما قد يظهر ردود فعل قوية من خلال بعد واحد فقط كالبعد الذاتي مثلاً وبالتالي فإن مثل هذه التناقضات تعزي إلى أن ظهور القلق في كل مصدر من هذه المصادر الثلاث يعتبر وظيفة وليس فقط هدف لموقف مثير ما، مثلاً: مكتب طبيب الإنسان أو إنما أيضاً نتيجة لمتغيرات أخرى مثل طالب كلية قد يظهر إثارة فسيولوجية قوية ويظهر تجنب – ظاهر – للكلاب ولكنه يحاول أن ينكر أي قلق حتى لا يظهر أنه غبياً مثلاً.

أهداف إدارة القلق Targets of Anxiety Management:

تهدف المعالجات (التدخلات) الإكلينيكية التي تستخدم أسلوب التعلم الاجتماعي إلى عرض نوعين من المشاكل المستهدفة المتعلقة بالقلق، (Anxiety- related target problems)، أول هذه المشاكل تتضمن حالات تكون فيها إثارة الفرد زائدة وهذه تحدث كرد فعل طبيعي لظروف توتر حقيقية والتي تحدث كجزء من سلوك الفرد ذاته، ومثال على هذا النوع المستهدف (target category) ما يدعى بالقلق الاستجابي (reactive anxiety)، كالشخص الذي تسبب له إثارة عالية في الحفلات والمناسبات الاجتماعية نتيجة تعرضه لتجاهل أو إهانة آخرين له في مواقف مماثلة حدثت في الماضي معه وبالتالي تصبح سلوكاته مكرهة (بغيضة) وفي هذه الحالات تركز المعالجة على تعديل السلوك فلا تعتمد على تقليل استجابات القلق فقط، وعندما يقل النقص أو العجز في المهارة (Skill deficits) فإن احتمالية زيادة السلوك الاجتماعي المرغوب يزيد وبالتالي يقل القلق الاستجابي، وإذا ما نجح تدريب المهارات الاجتماعية واستمر الشخص في الاستجابة لمواقف اجتماعية فإننا عندئذ نصل إلى الصنف الثاني من المشاكل المستهدفة وهي استجابات القلق غير الملائمة والمشروطة.

(Conditioned, inappropriate anxiety responses)

وقد تتطور هذه الاستجابات بطرق تختلق عن المهارات، وتوجد أربعة أصناف فرعية لهذا النوع الثاني:

- **القلق المشروط البسيط (Simple Conditioned Anxiety):**

وهنا يستجيب العميل بإثارة قوية للمثيرات التي لا تعتبر مهددة أو خطرة، ويعتبر العميل القلق مشكلة رئيسية بينما المثيرات يعتبرها شيء تافه: ركوب طائرة، المصعد، التحدث أمام جمهور التي تؤدي إلى عدم الراحة، أحياناً وعلى أية حال فإن الإثارة الزائدة تعمم على أن عدم الراحة تحدث بالعلاقة مع أنماط المثير المعقد، أو في حالات شديدة، مع ظروف المثير المتعددة، جداً (الداخلية أو المعرفية والخارجية) التي لا يستطيع بها العميل أن يحدد طبيعة المشكلة، ويسمى الموقف في هذه الحالة بحالة القلق الطافي بحرية (A free-floating anxiety)، والانهيار العصبي، أو حتى اعتلال عقلي حاد.

- **النوع الثاني الاضطرابات الجسدية النفسية**

Psycho Somatic or Psycho Physiological disorders

إن استجابات القلق التي تحدث في البعد الفسيولوجي، خاصة إذا كانت ذات استمرارية وتركز على أنظمة الاستجابات الخاصة، يمكن أن تؤدي إلى أذى فعلي للأنسجة مثل تقرح غشاء القولون أو العصارات الهضمية، والقلق المنعكس فسيولوجياً قد يأخذ أعراض جسدية والتي لا تحوي على أذى واضح للجسد، ولكنها مع ذلك غير مريحة وخطيرة، فالشقيقة وضغط الدم والإرهاق المستمر هي أمثلة على المشاكل الجسدية التي يعاني منها الفرد بسبب القلق والتي تزول بمجرد التقليل من استجابات القلق.

النوع الثالث انهيار السلوك المعقد:

Breack of complex behavior:

عندما تحدث الإثارة بشكل قوي جداً فإنه قد يحدث سوء الأداء خاصة النوع الذي يتضمن أعمال ووظائف معقدة، وبالتالي لا يشكو العميل من القلق وإنما يشكو من أمور مثل عدم القدرة على التركيز، وضعف الذاكرة والاضطراب، وانهيار المهارات الجسدية مثل السلوكات الحركية والتلعثم في الكلام، وهذا يؤثر على الفعل الجنسي- وتعقيد الروابط بين الاستجابات الفسيولوجية والمعرفية والحركية وبالتالي يؤدي إلى العجز الجنسي والبرود الجنسي عند النساء والاختلال الوظيفي عند الجماع والتهاب المهبل ومشاكل أخرى.

النوع الرابع تطوير سلوك التجنب أو الهرب سواء كان ذلك مناسب أو غير مناسب:

Development of appropriate or inappropriate escape or escape or avoidance behaviors:

نادراً ما يملك الفرد فرصة للتهرب أو تجنب مثيرات توتر، ولا يعتبر سلوك التهرب أو التجنب من الأهداف العلاجية، إذا حاول شخص أن يتجنب مثيرات تسبب له القلق من خلال انخراطه في سلوكات إما مناسبة اجتماعياً ولكنها محددة أو غير مناسبة اجتماعياً تسبب له مشاكل، فإن التدخل (العلاج) الإكلينيكي قد يساعد في جعله يتلخص من هذا السلوك التجنبي.

إذا كان الهروب أو التجنب أسلوب ناجح، فإن شكاوي العميل لا تشمل عادة على القلق وعدم الراحة النفسية (لأنه لا يسمح لنفسه بالتعرض لمثيرات الخوف) ولكنه يركز على عدم القناعة بالبقاء فترة أطول في راحة وطمأنينة، وغالباً لا يظهر العميل مشكلته حتى يحدث تغيير في حياته ضروري له ويحتم عليه الارتباط بمثيرات نفسي Stressful Stimuli.

مثال:

طالب مدرسة عليا الذي يتجنب الأشياء غير المألوفة وأنه يجب عليه أن يترك المدرسة ليلتحق بالجامعة فتجده متخوفاً لانتقاله من مرحلة لأخرى، فالعميل في معظم الحالات، يحاول تجنب الأساليب التي تبدو مزعجة وغير متكيفة وغير ملائمة وغريبة، ومن الأمثلة على الأمراض العصابية أو الجسدية النفسية: فقدان الذاكرة، والوسواس، والأوهام الهستيريا، والشلل، وردود الفعل التحويلية الأخرى، وحالات أخرى من الإدمان على الكحول والمخدرات، واللواطية والسلوك الإجرامي، وكل هذه السلوكات يحاول الفرد بها التهرب وتجنب مواقفه المثير التوترية.

الخوف:

هو انفعال قوي غير سار ينتج عن الإحساس بوجود خطر أو يتوقع حدوثه، يدفع الفرد إلى تجنب المثير الذي يخفيه أو الدفاع عن نفسه بطريقة أخرى، فالفرد يتعلم بسهولة تكتيكات ومناورات التجنب الفعال أو السلوك المسيطر على الموقف المؤلم.

وعادة يكون السلوك التجنبي متناسب مع خطر المثير إلى حد بعيد، ولذلك تتحدث عنه على أنه خوف عادي أو سوي، إن الخوف بهذا المعنى أمر واقع، والمثير الذي يسببه حادث موضوعي والخوف والمعقول أمام المؤثر الموضوعي الخطر ظاهرة انفعالية توجد عند الإنسان والحيوان وتؤدي وظيفة في حماية العضوية، إلا أن هذا الخوف قد يتطور وقد يتخوف متجهاً بصاحبه إلى اضطرابات في السلوك يعطل عليه عدد من فرص التكيف المناسب والمستمر في عدد من الظروف التي يمر بها في حياته وهنا تصادف الحالة العصبية التي نطلق عليها الخوف المرضي.

الخوف المرضي:

فوبس Phobos، هو مصطلح يوناني يدل على الخوف، وهو أيضاً اسم للآلة الذي يملأ قلوب الأعداء رعباً وخوفاً، وفي العقدين الماضيين أضحى المصطلح فوبيا Phobia (الرهاب) يعني الخوف المرضي الذي لا يتناسب في شدته مع طبيعة المؤثر الباعث على الخوف، ويكون هذا الخوف لا إرادياً، وأسبابه مجهولة في وعي المريض ويجبره على تجنب المواقف المثيرة للمخاوف، وأساسه خبرة طفولية مكبوتة، فضلاً عن أنه يعزز البنى النفسية التي تعاني من سوء التكيف وأعراضه القلق والعصبية والكوابيس، فهذا الخوف يظهر لدى المصاب من غير أن يكون هناك خطر موضوعي يبرره، ولذلك نقول عنه أنه خوف غير معقول وغير منطقي وهكذا فإنه يمكن القول أن الخوف المرضي هو خوف متسلط ملح متكرر الظهور، من شيء معين، من تحسين أن يكون ذلك الشيء أو الموقف المعين خطراً وموضوعياً على الشخص.

إنه خوف لا تبرره الأسباب الشعورية يظهر ملحاً في مظاهر الهلع عند الفرد ورغبته الشعورية في أن يهرب من الشيء أو الموقف الذي يفزعه أو أن يتجنبه.

قد يكون الخوف المرضي شكوى هامشة غير بؤرية في كثير من الاضطرابات السيكاترية (النفسية)، إذ مثلاً عرضاً من أعراض الاضطرابات، وقد تكون المخاوف المرضية أيضاً صورة العصاب الوسواسي (ObsessivesNeurosis)، وفي اضطرابات الشخصية، وحتى في فصام الشخصية.

ففي جميع الحالات المرضية يتوقف علاج هذه المخاوف المرضية على إزالة الاضطراب الرئيسي، والأمر لذلك في الحالات الأخرى الذي يكون الخوف المرضي جزء من الصورة التقليدية للاضطرابات التقليدية الأساسي الرئيسي، أما إذا جاء الخوف المرضي كاضطراباً أساسياً وعرض رئيسي- حينئذ نسمي هذه الحالة بالاضطراب الرهابي Phobic disorder، وهكذا نستطيع أن نفرق بين الأعراض الرهابية والاضطراب الرهابي في التشخيص الإكلينيكي التفريقي.

عموماً يكون الخوف المرضي أكثر شيوعاً عند النساء من الرجال، والخوف المرضي أكثر شيوعاً عند النساء من الرجال، والخوف المرضي من الساحي هما الأكثر مصادفة عند النساء أيضاً، بينما الخوف المرضي الاجتماعي "الخوف المرضي من الاجتماع بالناس" تكون بنسبة متساوية عند الجنسين.

وهكذا يمكن تمييز المخاوف المرضية عن الخوف العادي بشدتها، وديمومتها ومعقوليتها وما يترتب عليها من إعاقة الفرد المصاب بسبب ما ينتج عنها من ميل لتجنب الموقف والظروف المثيرة لها وبالطبع فإن هذه المظاهر لا ترتبط بالخوف العادي كما هو معروف، ويبدو أن المخاوف المرضية ترافق بعض الاضطرابات النفسية الأخرى وخاصة الاكتئاب وعصاب الاستحواذ، ومما يجدر ذكره بالنسبة للمخاوف المرضية هو أنها قد توجد منعزلة عند الفرد أو متعددة (بمعنى أكثر من شكل من الأشكال المخاوف المرضية في آن واحد).

وهي حين توجد منعزلة تكون ضعيفة الشدة، قليلة الإعاقة ولا ترافقها اضطرابات نفسية شديدة أخرى، ومن بين هذه المخاوف التي توجد منعزلة أو منفردة، الخوف من بعض الحيوانات، الأماكن العالية، العواصف، الظلام، وبعض المخاوف الاجتماعية (Social Phobias) كالخوف من تناول الطعام، والحديث أمام الجمهور وغير ذلك.

أما المخاوف المتعددة فعادة ما تشمل مجموعة معقدة من مظاهر الإكلينيكية تجعل مسألة التشخيص أمراً أصعب بكثير من المخاوف المنفردة، ومن أبرزها الخوف من الأماكن المكشوفة والواسعة والتي تبدو أحياناً مرتبطة بالأماكن المفتوحة والواسعة قد تشمل الخوف من الأعمال التجارية والتجمهر والأماكن المغلقة والسفر والخوف من ترك المنزل، وفي مثل هذه الحالات فأنه على الرغم من أن الخوف المرضي هو الصورة البارزة أو المظهر المبرز للمصاب إلا أن هناك اضطرابات نفسية أخرى مصاحبة لذلك منها القلق وتحقير الذات والإعياء والدمار وغير ذلك.

ومن الجدير ذكره أن الخوف المرضي من سماته الأساسية بأنه شديد وملح ومتكرر وغير عقلاني، لذلك يمكن علاجه من خلال العلاج العقلاني الانفعالي أو العلاج السلوكي ويمكن من خلال المزج بين العلاجين إلا أن العلاج السلوكي أكثر فاعلية من العلاج المعرفي في علاج الخوف المرضي.

أسباب العلاج المرضي أو تحليله:

في بداية الأمر سيتم التعرض لقصتين ثم تحليل إحداهما حسب وجهة نظر النظرية التحليلية ونظرية التعلم.

قصة الطفل هانز:

كان هانز في الخامسة من عمره حين بدأت تظهر عنده الرغبة في البقاء داخل المنزل وتجنب الخروج إلى الشارع، وكان تبريره لهذه الرغبة أنه كان يخاف من أن يعضه الحصان، لم يعبر عن هذا الخوف في البدء بهذا الشكل الصريح، بل عبر عنه بسلوكه المضطرب، وببعض مظاهر القلق التي كانت تبدو عليه في معاملته لأفراد أسرته، وسلوكه تجاه محتويات البيت، ولكن إلحاح الأهل في السؤال، وانزعاجهم من سلوكهم المضطرب الغريب، دعواه إلى التعبير عن خوفه ببساطة ووضوح، لم يكون خوفه من حصان معين بالذات، بل كان عاماً، فقد كان يخاف من الحصان على أساس أن الحصان (أي حصان كان) يمكن أن يعضّه ويؤذيه، وهنا نسأل كيف وجد هذا الخوف بهذا الشكل من التعميم، وكيف تطور سلوك التجنب الذي نراه لدى الطفل؟

قصة يرويها (Rivers):

إنها حادثة شاب كان يعمل في القسم الطبي في الجيش البريطاني في الحرب العالمية الأولى، كان يبدو على ذلك الشاب أنه يخاف من الأماكن المغلقة، وكان يفضل البقاء في الأماكن المكشوفة معرضاً نفسه للقنابل على الاختباء في

الحفر أو المخابئ، وقد أصبح هذا الخوف موضوعاً لفحص طبي نفسي حديث اعترف الشاب بأن الخوف كان موجوداً لديه حين كان صبياً ولكنه لم يستطع تقصي أسبابه أو تذكر أية حادثة هامة يقدر أنها عامل فيه، وقد دفع الشاب المعالج المتخصص إلى محاولة تذكر حوادث الطفولة البعيدة وطلب إليه الانتباه إلى كل الأحلام التي يمر بها، واستطاع هذا الأسلوب أن يدفع بالشاب إلى تذكر حادثة وقعت له أيام طفولته كانت هي المنطلق الأساسي للخوف المرضي، فقد اعتاد الذهاب مع رفاقه وهو طفل إلى كوخ يسكنه رجل كهل فقير، وكانوا يحملون بعض العلب الفارغة، وذهب الطفل وحده ذات يوم، والطريق ضيق موحش، والممر الذي ينتهي إلى الكوخ مظلم بعض الشيء بباب قديم صرير مزعج، وقد اجتاز الطفل الباب وسمع صريره المزعج، وتقدم يمشي في الممر الموحش، ثم سمع فجأة عواء كلب وراءه، وخاف خوفاً شديداً ثم أغمي عليه، ومضت أيام على هذه الحادثة، ولم يروها الطفل أمام أهله بتفصيلاتها، وبقيت مكبوتة لديه، وحين أوضح الطبيب المعالج للشاب كيف كانت الحادثة منطلق حالات خوفه المرضي بدأ حل الصعوبة لديه وانطلقت الحادثة المكبوتة وبدأ مرتاحاً، وقد رغب الشاب في التأكد من خلاصه من تأثير الخوف فبقي، يطلب منه، في قبو المستشفى أكثر من يومين دون أن يعاني ما كان يعانيه من قبل في الأماكن المغلقة.

تفسير حالة هانز عند الفروديين (التحليليين):

كان هانز يعيش في فينا في بيت يواجه مستودعاً كبيراً للبضاعة، وقد رأى العربات الكبيرة المحملة بالأثقال تدخل إلى المستودع وتخرج منه تجرها الخيول وهي تعاني الكثير بسبب الأثقال التي كانت تجرها، وحدث له أن رأى مرة حصاناً يقع والعربة عالقة به، ورآه يحاول جاهداً الوقوف على رجليه، واللجام بين أسنانه، ورأسه يرتفع وينخفض وهو يكاد يكسر اللجام بأسنانه في معركته مع أثقال العربة والخلاص منها، أخاف هذا الحادث الطفل هانز ولكنه لم يروه لأهله يوم رآه بل بقي مكبوتاً عنده، ومرت فترة على هذه الحادثة وعلى كبتها عند هانز قبل أن يظهر لديه الخوف العصابي من الحصان.

لم يختبر هانز شخصياً عض الحصان، ولكنه مر بحالة رعب شديد كان الحصان المؤثر القوي فيها وقد برزت أسنانه وهي تعض اللجام وتكاد تقطعه، ويظهر من التحليل لهذا الخوف العصابي من الحيوان (Zoo phobia) إن عقدة أوديب كانت نشطة عند هانز في هذه المرحلة من طفولته، قد كان يشعر بمنافسة أبيه له ويشتهي لو يزول من الطريق ليبقى المكان قرب أمه وحده وزاد في صعوبة حياته أن أمه رزقت بطفلة وراحت توجه العناية إليها بعد أن كانت كل العناية موجهة إليه وحده، وهكذا وجد هانز نفسه أمام منافسين هما الأب والأخت.

كان لدى هانز صراعان فيما يتعلق بأبيه:

1. فقد كان يحب أباه ويكرهه في الوقت نفسه.
2. وكان يرغب في إزاحة أبيه عن طريقه ويواجه النواهي الأخلاقية في الوقت نفسه.

أما الحالة نحو أمه فكان صراع بين الحب لما كانت توفره له من الرعاية وقضاء الحاجات والكره بسبب التفاتها لأخته، لم يصل الحل لأي من صراعاته، وكان من المعقول لذلك أن يحدث قلق لدى هانز، وكان من المنتظر لذلك أن يبحث لا شعور هانز عن مهرب من القلق، وقد وجد المهرب عن طريق الخوف من الحصان (عضة).

وهكذا عبر هانز عن خوفه المرضي برغبته في البقاء في البيت وعدم مغادرته وتجنب الخروج إلى الشارع ولكن تبريره لهذه الرغبة أنه كان يخاف من أن يعضه الحصان.

وهكذا يبدو الخوف المرضي طريقة في التكيف أمام ظرف يجابه الفرد بصعوبات لم يستطع حلها ولكنه تكيف باتجاه الانحراف، ومن هذه الناحية يبدو

الخوف المرضي مثل الهستيريا هرباً من الموقف الخطر عن طريق تبني حالة جديدة تكـون في شكلها الأولي المعتدل معقولة أو مقبولة أو ناجمة عن سبب معقول ومقبول.

وهكذا يكون الكبت وما يلحق به من صراع ثم من محاولة للتخلص من مرارة هـذا الصـراع هو العامل المباشر وراء الخوف المرضي من وجهة نظر التحليلين.

أما أصحاب نظرية التعلم فيرون في هـذا الخـوف سـلوكاً متعلماً علـى أسـاس مـن الشرطية ضمن ظروف قاسية ومؤلمة، فقد مر هانز عدة مـرات بـألم وخـوف حين رأى الأحصنة تجر العربـات الثقيلة وتبرز مظاهر العراك والجهد، وحين رأى هـانز الآن حادثـه وقـوع الحصان، ورأى رأسـه وفمـه، أدى ذلك إلى تمكن الخوف منه على شكل احتمال عض الحصان له لـو كـان قريبـاً، ولمـا كـان التعميـم سهلاً عند الطفل، فقد تم عنده سهولة تعميم خوفه من ذلك الحصان إلى كل حصان.

هذا ويميز البعض في إطار نظرية التعلم بين نوعين مـن الخـوف المرضي مـن حيـث المنشـأ، الأول يسمى مشرطاً (Condetioned)، والثاني ويسمى استجابي (Reaction)، أما النوع المشرط فيطور في إطار واحدة من ثلاث عمليات هي:

1. الإشراط القائم على خبرة مؤلمة واحدة (Truamatic Single-Trail Conditioning)، مثـال: الفتاة التي تعرضت لتمزق الشريان والإغماء وزيادة ضربات القلب والغثيان....الخ حين حـاول طبيب الأسنان حقنها بحقنة مخدرة وهي على كرسي الطبيب في الطبيب في اليوم التالي وبعـد شفائها تماماً لم تتمكن من الجلوس على كرسي الكوافير (الإشراط منفرد مع التعميم).

2. الإشراط القائم علـى سلسـلة مـن الحـوادث المؤلمـة البسـيطة (Semies Simple of Traumaticeven).

فموزع البريد الذي يتعرض في عدد من المناسبات لمضايقات الكلاب في بعض البيوت قد يطور خوفاً مرضياً من الكلاب أو الحيوانات بشكل عام على الرغم من عدم تعرضه للعض مباشرة.

3. الإشراط البديل (بالنيابة) Vicarious Conditioning:

فملاحظة شخص آخر يمر بخبرة مخيفة أو مثيرة يمكن أن تؤدي إلى ردود فعل القلق عند المراقب أو الملاحظ نفسه لمثيرات مشابهة، وهكذا فالبنت التي تراقب أمها وهي تهلع من رؤية الصرصور قد تطور خوفاً مرضياً مشابهاً أو تعمم خوفاً على كل الزواحف.

وبالطبع في جميع هذه الحالات فإن سلوك التجنب يلعب دوراً هاماً في تعزيز هذا الخوف واستمراره بدلاً من محوه وانطفائه.

أما النوع الثاني من المخاوف وهو الاستجابي (Reactive Anxiety) فغالباً ما يظهر نتيجة إشراط استجابة مناسبة لمثير ما أو ظرف يستجرها أداء الفرد السلوك غير مناسب أو فشله في أداء سلوك مناسب لذلك الظرف، وبكلمة أخرى فإن الفرد هنا يقوم بشيء ما أو يفشل في القيام بشيء ما ينتج عنه حالة من التوتر (Stress)، يستجيب لها الفرد استجابة قلق أو خوف مرضي، ومن أسباب هذا القلق قلة المهارة في الاستجابة المناسبة للموقف (Skill-Deficits) فالذي لا يعرف السباحة جيداً يستجيب بالقلق حين يوضع في الماء أو البركة، وكذلك الطالب يستجيب بالخوف من الامتحان حين لا يكون قد أتقن المهارات الخاصة بالامتحان وحفظ المواد المطلوبة، كذلك تلعب العمليات المعرفية دوراً هاماً في القلق الاستجابي على شكل إدراكات أو عمليات معرفية مثيرة للقلق (Anxiety Evoking Congnitions)، والتي تظهر على شكل حوار داخلي أو ألفاظ داخلية يقولها الفرد لنفسه عن الحوادث التي يمر بها، وبالطبع تنطبق هذه مع وجهة النظر العقلانية العاطفية في العلاج النفسي.

أشكال الخوف المرضي:

يوجد العديد من أشكال الخوف المرضي تقارب المائة أو يزيد إلا أنه يمكن ذكـر بعـض تلـك المخاوف الأكثر شيوعاً ومن بينها على سبيل المثال لا الحصر:

1. الخوف المرضي من المرتفعات والأماكن العالية Acro phobia.

2. الخوف المرضي من الأماكن الواسعة والمكشوفة أو المنعزلة Agora phobia.

3. الخوف المرضي من الأماكن المغلقة أو الضيقة Claustro phobia.

4. الخوف المرضي من الأرواح والأشباح والشياطين Daemono phobia.

5. الخوف المرضي من الوحدة Erimio phobia.

6. الخوف المرضي من اللون الأحمر Erythro phobia.

7. الخوف المرضي من الجيف والأجسام الميتة Necvo phobia.

8. الخوف المرضي من الظلام Nycto phobia.

9. الخوف المرضي من الجماهير والحشود Oclo phobia.

10. الخوف المرضي من الحية (الأفعى) Ophidia phobia.

11. الخوف المرضي من الحيوانات Zoo phobia.

12. الخوف المرضي من المدرسة School phobia.

13. الخوف المرضي من الامتحان Test phobia.

14. الخوف المرضي الاجتماعي Social phobia.

15. الخوف المرضي من الرعد Thunder phobia.

16. الخوف المرضي من المرض.

17. الخوف المرضي من السياح.

18. المخاوف المرضية الوسواسية.

19. المخاوف المرضية النوعية الأخرى (مثل الخوف الشـديد مـن الصـعود بالمصـاعد الكهربائيـة، ركوب القطارات تحت الأرض وفوقها أو الطائرات).

نظرة موجزة لبعض المخاوف المرضية:

الخوف المرضي من المدرسة (School phobia):

يرى ميلان ورفاقه أن الخوف المرضي من المدرسة هـو أكـثر المشـكلات شيوعاً حيـث يـرفض الطفل الذهاب إلى المدرسة ويستجيب استجابات جسمية (فسيولوجية) وعاطفية مضايقة حـين يكـون في المدرسة، تظهر عند الأطفال أعراض الغثيـان، ألم المعـدة، والـدوار أو الدوخـة، وتبدو مـن الأعـراض النمطية السائدة المرافقة للخوف من المدرسة، هذا وغالباً ما يكون هؤلاء الأطفال من النوع الاعتمادي الزائد ورافضين لآبائهم وخاصة الأم، تحول حيرتهم وقلقهـم إلى المدرسة حيـث يبـدو أن الـذهاب إلى المدرسة معناه فقد الأم في الوقت الـذي يكـون فيـه البقاء في البيـت معـززاً مـن قبـل الأم واهتمامها بالطفل، هذا وتقدر نسبة الطلبة الذين يعانون من خوف مرضي من المدرسة بصـورة حقيقيـة بحوالي 20 % من الطلبة ويظهر ذلك غالباً في سنوات العمر من (6 – 10) سنوات.

يرى أصحاب نظرية التحليل النفسي في التحويل وخاصة تحويـل قلـق الانفعـال عـن الأم أو قلق لإنجاز عاملاً هاماً في الخوف من المدرسة، فخوف الطفل من الانفصال عـن أمـه أو خوفه من فشله في التحصيل المميز يشعره بالتحدي مما يحول

إلى خوف من المدرسة بالتالي تجنبها كلياً ويلعب البيت دور المعزز والكافي لهذا السلوك.

أما أصحاب نظرية التعلم فيرون أن ظروف المدرسة ومثيراتها المختلفة تصبح مخيفة بالنسبة للطفل عن طريق الإشراط وإن البقاء في البيت يجنب الطفل القلق أو الخوف المرتبط بالمدرسة ويحصل الطفل بذلك معززات ثانوية على شكل اهتمام من الوالدين أو غيرهم، اللعب، ومراقبة التلفزيون.

هذا ويجدر الإشارة إلى الفرق بين الخوف المرضي من المدرسة والتهرب من المدرسة (Truancy) فالأطفال الذين يخافون من المدرسة قلقون جداً ويشكون من أعراض فسيولوجية ما وهم عندما يغادرون المدرسة يتوجهون إلى البيت مباشرة، في حين أن المتهرب من المدرسة يبقى بعيداً عن البيت.

الخوف المرضي من المرض:

ومحتواه الخوف الشديد من أمراض نوعية مثل، السرطان، ومرض القلب والمرض التناسلي.....الخ.

والخوف المرضي في هذا النوع من الخوف يحتوي على اجترار لأنها لها من الأفكار التخويفية التي قد يصاب بها المريض، وهذا الخوف المرضي يماثل الفكرة الوسواسية إلا أنه يفترق عنها بعدم وجود مقاومة ذاتية ضد الوساوس، ثم إن هذه المخاوف من هذا القبيل غالباً ما تكون عرضاً في أعراض الصورة الإكلينيكية والاضطراب الاكتئابي تتضائل أو تتضخم مع تفاؤل أو تضخم شدة المرض الاكتئابي، ويمكن اعتبارها الشكل المترقي من داء المرات Hypo chondriasis رغم أن المريض المصاب بهذا المرض تكون مخاوفه معممة منتشرة لا تخص شكوى معينة.

يصادف الخوف المرضي عند الجنسين، وإن الخوف من المرض يرتبط بالبيئة والثقافة السائدة.

الخوف المرضي من التجمهر والحشود:

ويظهر على شكل خوف الفرد من وجود بين مجموعات كبيرة من الناس ويشعر بالتهديد والهلع حين يجد نفسه مضطراً لمثل هذا الموقف وهو يميل إلى تجنب هذا الموقف والهروب منه حين تتاح له فرصة مناسبة، هذا وقد لا يشكو صاحب هذا النوع من الخوف من الناس مباشرة وإنما يبدي بعض المظاهر الدالة على ذلك كالغثيان والدوخة وألم الرأس والضيق والتبرم.....الخ.

الخوف المرضي الاجتماعي:

ويأخذ صورة الخوف من الطعام، والشراب، ومصافحة الناس، ومن الكلام، ومن الكتابة أو الخوف من التقيؤ بحضور الناس.

في بعض أعراضه المتطرفة ترى هذا الخوف المرضي في صورة الخوف من مواقف نوعية مثل الطعام في منطقة أو مكان مزدحم، وفي صورة أخرى من هذا الاضطراب نجد الخوف من الاتصال بالناس والاختلاط معهم فيقبع المريض في بيته، ملازماً له لا يبرهه، قاطعاً صلاته مع الناس جميعاً.

يظهر عادة الخوف المرضي الاجتماعي في سن البلوغ ويبلغ ذروة شدته في نهاية المراهقة.

خطة سلوكية للتغلب على المخاوف المدرسية:

سنشرح فيما يلي خطة علاجية يمكن إتباعها للتقليل من هذا النوع من المخاوف أو للقضاء عليه، وعادة ما يمكن القضاء على هذا الخوف في فترة قصيرة

(قد تصل إلى ثلاثة أيام في بعض الحالات) إذا أمكن استخدام هذه الخطة بشكل منتظم.

الإجراءات العلاجية:

1. تكوين علاقة طيبة بالمدرسة، والأطباء، والعيادة للتعرف على المشكلة سريعاً وقبل استفحالها.

2. تجنب التركيز على الشكاوي الجسمية والمرضية, فمثلاً لا تلمس جبهة الطفل لتفحص حرارتـه، ولا تسأل عن حالته الصحية صباح كل يـوم مـدرسي، ويـتم هـذا طبعـاً إذا كنـا متأكـدين مـن سلامة حالته الصحية، وإلا فعلينا من التأكد من ذلك مبكراً أو بشكل خفي.

3. تشجيع الأبوين على ضرورة إرغام الطفل على الذهاب للمدرسة مع التوضيح لهما أن مخـاوف طفلهما ستختفي تدريجياً، وأن العكس صحيح.

   أي أن استمرار غياب الطفل عن المدرسة سيؤدي إلى تفاقم مخاوفه.

4. إجراء المزيد من اللقاءات العلاجية مع الأبوين لتخليصـهما مـن قلقهـما حـول هـذه المشـكلة ولتشجيعهما على تدريب الطفل للتخلص من مخاوفه المدرسية، وفق الخطوط التالية:

أ. خلال عطلة نهاية الأسبوع السابق على بدء الذهاب للمدرسة يوجه المعالج الأبوين إلى تجنب مناقشة الطفل أي موضوع يتعلق بمخـاوف الطفـل مـن الـذهاب إلى المدرسـة، فلا شيء يثـير مخاوف الطفل أكثر من الكـلام عـن موضـوع الخـوف، لأن الحـديث عـن الخـوف أكـثر إثـارة للخوف من المواقف ذاتهـا، ويتطلـب ذلـك أن لا نـناقش مـع الطفـل الـذهاب للمدرسـة، ولا نناقش معه أعراض خوفه، لا نستخدم أسئلة مثل: (هل تشعر بالخوف لأن الذهاب

للمدرسة أصبح وشيكاً؟ هل أنت مضطرب أو قلبك يخفق لأنك ذاهب للمدرسة غداً؟).

ب. أخبر الطفل بكل بساطة في نهاية عطلة الأسبوع، وبالذات في الليلة السابقة على المدرسة ومن دون انفعال وكأمر واقعي بأنه سيذهب للمدرسة غداً.

ج. أيقظ الطفل في صباح اليوم التالي، ساعده على ارتداء ملابسه، وتنظيم كتبه وزوده ببعض الأطعمة الجذابة على ألا تكون من النوع الدسم الذي قد يؤدي إلى الشعور بالغثيان فيما بعد (لاحظ أن الغثيان من أعراض القلق وأن أثارته بشكل قصدي قد يؤدي إلى إثارة القلق وزيادة حدته).

د. خلال فترة الإعداد هذه، تجنب أي أسئلة عن مشاعر ولا تثير أي موضوعات خاصة بخوفه حتى ولو كان هدفك زيادة طمأنينة (لا تسأل مثلاً إن كان يشعر بالهدوء).

كل المطلوب أن تأخذه للمدرسة وتسلمه للمشرفين، وأن تترك المكان.

ه. في المساء، وعند العودة من المدرسة أمتدح سلوكه، وأثني على نجاحه في الذهاب إلى المدرسة، مهما كانت مقاومته أو سخطه أو مخاوفه السابقة، وبغض النظر عما ظهر عليه من أعراض الخوف قبل الذهاب للمدرسة أو خلال اليوم كالقيء أو الإسهال.

و. أبلغه أن غداً سيكون أسهل عليه من اليوم، ولا تدخل في مناقشات أكثر من ذلك، كرر هذه العبارة "إن غداً سيكون أسهل من اليوم" حتى وإن بدأ الطفل غير مستعد لتغيير الموضوع.

ز. كرر في صباح اليوم التالي نفس ما حدث في اليوم السابق، كرر بعد عودته السلوك نفسه بما في ذلك عدم التعليق على مخاوفه، مع امتداح سلوكه ونجاحه في الذهاب إلى المدرسة.

ح. عادة تشخيص الأعراض في اليوم الثالث، ونحلف مزيد من التدعيم يمكن أن تهديه في اليوم الثالث شيئاً جذاباً، أو يمكن عمل حفلة أسرية بسيطة احتفالاً بتغلبه على المشكلة.

ط. استمر في تأكيد العلاقة الإيجابية لتجنب أي انتكاسات مستقبلية قد تحدث لأي سبب آخر كالعدوان الخارجي من أطفال آخرين أو المعاملة القاسية من مدرسية وذلك لمعالجة هذه الأشياء أولاً بأول.

علاج القلق عند الأطفال:

1. تقبل الطفل وأعطيه شعوراً بالطمأنينة:

يحتاج الأطفال إلى تطمين من الكبار المتصفين بالهدوء والثبات، فمن الضروري أن تبقى هادئ عندما يصرخ الطفل، وعليك أن تبدي تقبلاً لمشاعر القلق لدى الطفل فعليك أن توجد جو من التفاؤل والأمن ويمكن استخدام العبارات، مثل "إنك مهم بالنسبة لي، إنني أقبلك وأحبك لذاتك وليس فقط لما تفعله"، وعندما تقض بعض الوقت مع الأطفال، وجه انتباه كافي لهم ولا تعطهم شعوراً بأن ثمة أشياء أكثر أهمية كان ينبغي لك أن تكون منشغلاً في أدائها، ومن الضروري تجنب الحدة في النقاش مع الأطفال، وتراجع عندما تحاول أن تقنعهم بشكل منطقي فيأخذوا بالصراخ أو يقولوا بأنك لا تفهمهم، ومن الضروري أن تطمئن الطفل بأن هناك الكثير من المشكلات في الحياة التي ينبغي أن يتم توقعها والتعامل معها ثم نسيانها.

2. درب طفلك على الاسترخاء:

أي تدريب الطفل على ضبط أعصابه وإعطائها فرصة للاستراحة وهذا ما يعرف بالاسترخاء باعتبار أن القلق والاسترخاء لا يمكن أن يوجدا معاً، ويمكن

استخدام التدريب على الاسترخاء مرتين يومياً على الأقل مـثلاً قبـل النـوم أو قبـل الـذهاب للمدرسة.

3. **استخدام طرق متعددة في مواجهة القلق:**

يمكن أن تستخدم طريقة الاسترخاء مع طرق أخرى في الوقت نفسه، إذ أثناء الاسترخاء يمكن للطفل أن يفكر بمشاعر سارة تبعث على الشعور بالهدوء، وهذا ما يسـمى بالتحليل الإيجابي، وتعتبر هذه الطريقة مفيدة بشكل خاص في مرحلة التدريب على الاسترخاء حيث تساعد الأطفال على التحرر من حالات التوتر العضلي، والتنفس البطيء العميق هو طريقـة أخرى مفيدة، ويتم ذلك بـأن ترى الطفل كيف يتنفس تنفساً عميقاً منتظماً من خلال الأنف، ويجـد بعـض المـراهقين أن المفيد لهـم أن يعدو أنفاسهم من واحد إلى عشرة مع تركيز انتباههم – على الأرقام – ويتـدربوا عـلى ألعاب رياضية كاليوغا (التأمل اليابانية) وهي موزع من التنفس والعـد وتـؤدي إلى خفـض القلـق كمـا تبطئ معـدل النبض، كما يمكن ضبط التوتر باستخدام تدريبات التقايس التـي تقـوم عـلى دفـع العضـلات مجموعـة مقابل الأخرى، حيث يستطيع الطفل مثلاً أن يقوم بدفع الحائط بيديه لمدة خمسة عشر ثانيـة تـؤدي إلى صرف مقدار من الطاقة وبالتالي إلى الاسترخاء في مجموعة عضلات اليدين، كما يمكن للطفل عنـدما يشعر بالتوتر أن يقرأ كتاباً جيداً أو يصغي إلى الموسيقى أو أن ينظر إلى أعـمال فنيـة جميلـة أو يقـوم ببعض النشاطات الإبداعية مثل الرسم أو الطبخ أو أعـمال الخـوف، ويمكـن للطفل أن ينشـغل بـأي تدريب أو أي فعالية جديدة أو ممتعة، كما يمكن أن يساعد الاسترخاء عـلى الاستجمام بالمـاء الـدافئ، ومن الطرق التي تساعد على التخلص من القلق أن يعمل الفرد على إهمال ما يشير قلقه.

4. الحديث الإيجابي مع الذات:

يمكن أن يستخدم الحديث الإيجابي مع الذات لوحده أو مع الاسترخاء والخطوة الأولى فيه إيقاف تعبيرات ذاتية، مثل: "إنني أتمكن من النوم أبداً، إنني دائم الانزعاج أكثر من أي شخص آخر، إنني أعرف شيئاً رهيباً سوف يقع لي، أن من الأفضل ألا أفرح كثيراً كي لا يحدث لي أمر سيئ.

أما الخطوة الثانية أن يقترح على الطفل أن يستخدم تعبيرات ذاتية إيجابية في الحديث مع الذات، ويمكن للأطفال أن يتدربوا بصوت مرتبط ثم ينتقلوا للحديث الضمني، مثل "إنني منزعج، لكن الأمور ستسير بشكل حسن، عندما أشعر بالقلق يمكنني أن أسترخي وأن أصبح في وضع أفضل، لا يوجد إنسان كامل، إلا أنني سوف أبذل جهدي، لا يمكن أن يطلب منك أحد أن تبذل أكثر مما لديك من جهد، إن القلق لا يساعد وأما العمل فيساعد".

ويمكن للأطفال أن يقولوا لأنفسهم (كن هادئ واسترخ) ثم يقومون باستخدام الطريقة التي يحبونها لمقاومة القلق، وعندما يشعرون بالذعر في مواجهة مشكلة أو امتحان يمكن أن يعطوا أنفسهم تعليمات بالهدوء والاسترخاء ويفكرون بجهد أو مشهد مبهج لبضعة ثوان ثم يعودوا للتعامل مع المشكلة.

5. شجع التعبير عن الانفعالات:

يمكن أن يتم التعبير عن الانفعالات من خلال اللعب أو رواية القصص حيث يقوم الأطفال برواية قصة مخيفة ثم يقوم الأب أو الأم برواية القصة بصورة أخرى والهدف هو أن يتم رواية قصص يحدث أبطالها عن مشاعرهم بانفتاح ويتصرفون بفعالية ويشعرون بالرضى عن ذواتهم، وهذا يقلل القلق لديهم.

6. الطرق المتخصصة:

كطريقة التحصين للحساسية التدريجي، وطريقة التغذية الراجعة الحيوية المرتدة، فيها يشاهد الطفل أو الأطفال أو يسمعون عن مظاهر وظائفهم الجسمية، مثل سماعهم أو مشاهدتهم لموجات إلكترونية على شاشة تمثّل نبضات القلب، وتوتر العضلات، وتعرق راحة اليد، ودرجة حرارة الجسم وغير ذلك، ومهمة الطفل أن يهدئ هذه الأصوات، كما استخدم المتخصصون طريقة التنويم لأحداث الاسترخاء والمشاعر الهادئة، ويعطي الأطفال إيحاءات إيجابية عندما يكونون تحت تأثير التنويم، وتأتي الإيحاءات على الصورة التالية: "بالتدريب على الاسترخاء سوف يصبح بإمكانك التحرر من مشاعر القلق" "سوف تشعر بتحسن يوماً بعد يوم وسوف تصبح أقل قلق حول المستقبل".

تقرير عن حالة:

طفلة عمرها خمس سنوات طورت فجأة حالة من القلق الشديد والاضطراب دون سبب ظاهر، وكانت تخشى أن يتركها والدها أو أن يموتا، وأن يهاجم بيتها اللصوص ويتخلى عنها جميع الأصدقاء، كانت تبكي بسهولة وتبدو متوترة بشكل عام، وقد يتم اقتراح طريقتين تستخدما من قبل الوالدين: الأولى تقوم على تشجيع الطفلة على التعبير الحر عن مشاعرها من خلال اللعب أو الحديث وكانت هذه الطريقة فعالة حيث كانت الطفلة تجعل الدمى تعبر عن جميع المصائب المتخيلة، وبعد جلسات لعب متعددة أصبحت حدة القلق تقل سواء أثناء اللعب أو في الأوقات الأخرى.

والطريقة الثانية تقوم على استخدام الوالدين لطريقة إستراتيجية مضادة لحالات ارتفاع القلق، فعندما تشعر الطفلة بتهيج القلق يلعب معها الوالدان ويرويان لها قصص مبهجة، وتبعاً لخطة محددة أخذ الوالدين ينتقلان للعب بشكل أكثر مع الطفلة عندما لا تكون قلقة وذلك لوقف تعزيز القلق، أن مزيجاً من زيادة

التعبير الحر والإسراع في تشويش حالة القلق كان ناجحاً حيث أن سلوك الطفلة عاد إلى الوضع الطبيعي خلال أسبوعين.

أساليب العلاج للقلق والمخاوف المرضية:

يذكر (د. الريحاني) أن الكثير من أساليب الإرشاد والعلاج النفسي توجهت لمعالجة القلق والمخاوف المرضية بأشكالها وأنواعها المختلفة، إذ أن أصحاب النظريات التحليلية يتوجهون إلى التبصر والكشف عن الخبرات الطفولية المبكرة التي سببت الخوف لأول مرة نجد أن المعرفيين أصحاب نظريات العلاج العقلي والعاطفي يتوجهون نحو التأثير على إدراكات العميل للمواقف المثيرة للقلق واتجاهاته العقلية نحوها كما يتوجهون نحو إعادة بناء عقلية منظمة للبناءات العقلية التي يدركها العميل فيما يتعلق بموقف القلق، كذلك يتوجه بعض المعرفين ومنهم (مايكنبوم) إلى تدريب العميل على التدريب الذاتي والتحكم بالقلق عن طريق تغيير الألفاظ الذاتية التي يقولها العميل لنفسه نحو الموقف المثير للقلق.

كما يضيف (د. الريحاني) إلى أن أكثر الاتجاهات النظرية التي أظهر نجاحاً في معالجها للقلق المخاوف المرضية كما دلت على ذلك الدراسات التجريبية فهي نظريات التعليم وخاصة أساليب تقليل الحساسية التدريجي أو ما يسمى بالتحصين التدريجي (Systematic Desensitization)، والإشراط المضاد (Counter Conditioning) والإشراط الإجرائي بواسطة تشكيل السلوك تدريجياً (Shaping) وأسلوب الإضافة (Implosive Therapy)، وأسلوب النمذجة (Modeling) وغيرها.

النمذجة (التقليد) Modeling:

وهو أسلوب يؤكد على أن الشخص يمكن أن يتعلم بالملاحظة كما يتعلم بالمشاركة، فسلوك الشخص يتأثر بشدة بما يلاحظه من سلوكيات الآخرين ويسمع عنها، ويستخدم المعالج أسلوب التقيد مع العميل حتى يجعله يلاحظ الناس

الآخرين الذين يتعاملون بشجاعة ونجاح مع المثيرات الأكثر تهديداً للعميل، فاستخدام المثيرات تدريجياً والاسترخاء ووجود المعالج خلال المعالجة، أمور تعمل على كبت استجابات القلق لدى العميل وبالتالي زيادة انتباهه للسلوك النموذج، وقد يقوم شخص آخر مقام المعالج مع العميل كالوالد مع طفله أو الشريك الجنسي خلال عملية الاختلال الوظيفي الجنسي، كما يمكن أن يكون أسلوب النمذجة حقيقياً أو رمزياً (التقليد الرمزي أي يمكن أن يشاهده الشخص عن طريق الأفلام أو الفيديو أو يمكن تخيله.

ويتضمن أسلوب النمذجة عنصرين مهمين، الأول أنه يزود العميل بالمعلومات فمثلاً: الفرد الذي يخاف من الكلاب يمكن أن تجعله يشاهد فيلماً عن الكلاب فيتعلم الكثير عن سلوكاتها ومهارات تعامل الإنسان معها، والثاني يثبت أن مواجهة العميل للثيران التي تخيفه ذات نتائج إيجابية.

فالنماذج العلمية لا تمثّل هفوه تسبب عدم الراحة، وليست مؤذية أو نهدده بوجود الكلاب.

فهذان العنصران مرتبطان مع بعضهما، من أجل الأفكار (غير المنطقية) المتعلقة بالمثيرات التي تبعث على الخوف وبالتالي تقليل الإثارة الانفعالية الناتجة عن هذه الأفكار، فهذا التقليل للإثارة المتجهة ذاتياً يزيد من احتمال اقتراب العميل من المثيرات المخيفة وبالتالي يمارس الفرد السلوكات التكيفية والتي تم عرضها عن طريق النماذج الفلميّة.

ولقد تم تأكيد أثر وفاعلية أسلوب النمذجة في تقليل استجابات القلق من قبل كثير من العلماء السلوكيين، مثل: (باندورا) (Bandura)، (Bandura &Menlove 1968) & (Menloven, 1967)، & (Grusec & Bandura, Blanchard, and Ritter 1969) & (Meichenbaum 1971b) & (Geer & Turtletaub 1967) إلا أن أسلوب النمذجة يعتبر ناقصاً كما هو الحال

بالنسبة لأسلوب تقليل الحساسية لأنه لا يشمل على الإجراءات التي تسمح للعميل أن يتعامل فعلياً مع المثيرات تحت ظروف محكمة، على سبيل المثال: الشخص الذي يخاف من الأفاعي يعطي نموذجاً من أشخاص يتعاملون مع الأفاعي وبالتالي هو يقلد كل خطوة بالتدريج في كيفية التعامل مع الأفاعي فالنموذج هنا يصبح معلوماً للعميل إذ يجعله يرى ماذا يفعل وكيف؟ إضافة إلى تزويده بالمساعدة الجسدية وإعادة الطمأنينة له والتشجيع والمديح، وبالتالي عن طريق هذا الأسلوب لا يتعلم العميل استجابات القلق وبالتالي فإنه يتعلم سلوكاً تكيفي وبديل القلق، ومن الجدير بالذكر أن باندورا كان يعارض القائلين بالتعزيز ودعي إلى التعلم المعقد يحدث بالنمذجة والاقتداء بالآخرين ومن خلال تجاربه أوضح الأثر الكبير للتعلم بالملاحظة، فقد أثر على عدوانيته الأطفال واستطاع أن يقلل من سلوك الخوف والتجنب لديهم وأمكن بهذا الأسلوب لباندورا تفسير اكتساب من القيم وأنواع السلوك المعقد. (الوقفي، 1989).

وكان يستخدم أسلوب النمذجة مع أسلوب العلاج بالكشف Exposure - Therapy في علاج الخوف المرضي من الأمكنة الواسعة المكشوفة أو المنعزلة Agoraphobia ولكنه يستخدم بصورة أوضح في معالجة الخوف المرضي من الكلاب، مثال ذلك: طالبة معلمة (Btudat - teacher) عمرها 18 سنة، منذ طفولتها تتجنب المواقف التي تعتقد بوجود الكلاب فيها وكانت أسرتها تقوم ببعض الأساليب في الحد من خوفها كأن تجعل أحد أفرادها يذهب ليتأكد من عدم وجود الكلاب في الحديقة قبل أن تعود المريضة إلى البيت، أيضاً كانت تتجنب الذهاب إلى المنتزهات العامة لنفس السبب، وذكرت والدتها بأن ابنتها عندما كانت طفلة تخاف الكلب كلما قفز على عربتها ولم تعد تذكر المريضة هذا الحادث الآن.

وعند العلاج وافقت العملية في الجلسة الأولى أن تبقى في الغرفة بوجود الكلب ولكنها اشترطت أن لا يقترب منها أكثر من 12 قدم، وجلس المعالج قريباً من الكلب وأخذ يلاطفه ويداعبه وبنفس الوقت يتحدث مع المريضة وبعد 20 دقيقة

تقترب العملية من الكلب وتقلد المعالج في سلوكاته إلا أنها في البداية لم تفعل ذلك دون أن يمسك المعالج رسن الكلب.

وبعد أن انتهت الجلسة الأولى ذهبت إلى غرفة الانتظار وحدثت والدتها بما حدث معها في الجلسة.

وفي الجلسات التالية (كان المعالج يلمس رأس الكلب ويضع يده في فمه وأيضاً يلاطفه ويفرك جلده وغير ذلك وكانت المريضة تفعل كما يفعل المعالج حتى استطاعت في النهاية أن تحذو حذو المعالج في التكيف مع الكلب بلمسه وملاطفته بدون أن يمسك لها الرسن، واستخدم المعالج المهمات البيتية كجزء من العلاج فطلب منها أن تزور صديقها الذي عنده كلب كبير، وفي آخر الأمر أي انتهاء جلسات العلاج أصبحت قادرة أن تبقى مع الكلب لوحده في الغرفة وأن تزور الأماكن العامة والمتنزهات دون أن تخشى مواجهة الكلاب فيها.

أسلوب التحصيل التدريجي Systemic Besntizition:

إن أسلوب تقليل الحساسية التدريجي أو التصين التدريجي هو طريقة طورها وولبي (Wolpe, 1985) لمعالجة ردود الفعل القلقية، وهي باختصار وضع العميل في حالة من الاسترخاء العضلي في مواجهة تدريجية في مستوى التخيل، مع مثيرات تزداد تدريجياً في مقدار قدرتها على استمرار استجابة القلق عند العميل، وحين يتمكن العميل من تخيل آخر المواقف المثيرة للقلق من حيث شدتها بنجاح وهو في حالة الاسترخاء فإن العلاج يكون قد حدث، هذا وتقوم هذه الطريقة في العلاج على أساس مبدأ الكف المتبادل (Reciprocal Inhibition) والذي يعني ببساطة أنه لا يمكن لاستجابتين متضادتين في طبيعتهما أو خصائصهما من أن يحدثا عند الفرد في آن واحد معاً وأن الاستجابة الأقوى ستكف حدوث الاستجابة الأضعف وقد لاحظ وولبي أن استجابة الاسترخاء العضلي من الاستجابات المضادة للقلق والقادرة على كفه أيضاً.

يتضمن أسلوب تقليل الحساسية التدريجي أربع خطوات رئيسية هي ما يلي:

1. التدريب على الاسترخاء.

2. وضع الهرم.

3. تقليل الحساسية حيث يتم تعويض العميل للمواقف المثيرة للقلق تدريجياً وعلى مستوى الخيال.

4. اختبار أثر التعلم في الحياة الواقعية.

1. التدريب على الاسترخاء:

تستخدم هذه الطريقة (طريقة التحصين التدريجي) التدريب على الاسترخاء طريقة جاكسون في ذلك والتي تتضمن وضع العميل في وضع مريح جداً على كرسي خاص للاسترخاء (Lazy Chair) ثم يطلب منه بعد أن يغمض عينيه أن يقوم بعمليات شد وإرخاء عضلات الجسم ابتداء من عضلات الجبين وانتهاء بعضلات القدمين والأصابع بحيث يتم شد وإرخاء هذه العضلات تدريجياً بواقع مرتين على الأقل لكل منهما مرافق بإيحاءات متعددة من قبل المعالج يوصي بها للعميل أن يشعر بالراحة والاسترخاء (الثقل) اللذة المرافقة للاسترخاء....الخ.

ومن الجدير بالذكر يجب أن تكون ملابس العميل فضفاضة ويتخل من الملابس الضيقة مثل ربطة العنق وعليه أن لا يشابك أعضاء جسمه مع بعضها كأن يضع رجل على رجل أو يشابك يديه أو يكتّفهما.

وعندما يقوم العميل بالاسترخاء لأول مرة فإن درجة توتره تكون مرتفعة نسبياً وتقل هذه الدرجة بالتدريب المستمر على الاسترخاء وعندما لا يصل العميل إلى درجة الاسترخاء المطلوبة، يجب على المعالج أن يتحدث مع العميل في نهاية الجلسة عن الأسباب.

ولكل فرد في جسمه منطقة تدعى منطقة التوتر، فيها يكون التوتر مرتفعة بدرجة عالية وقد يكون مصدر التوتر لدى العميل، من مثل (الرقبة، الفم، الكتفين) وبعد أن يقوم العميل بالاسترخاء عليه أن يحدد منطقة التوتر وبالتالي يركز عليها المعالج أثناء العلاج.

مثال يوضح كيفية الاسترخاء:

أغمض عينيك وخذ راحتك (وقفة)، أخرج كل شيء يقلقك خارج تفكيرك واجعل نفسك في وضع مريح (وقفة) ركز كل اهتمامك في استرخاء كل مجموعة عضلاتك كل على حدة (وقفة) فمثلاً إرخي عضلات ذراعيك ويديك، ركز على كل شد يمكن أن تحسه في هذه المجموعة من العضلات وحاول تركه (وقفة) والاسترخاء يمتد من يديك ثم لذراعيك (وقفة) فقط فكر أن تكون هادئ (وقفة)، تصور نفسك تقول اهدأ وكن مرتاحاً (وقفة) واشر لي في ما إذا قد عملت استرخاء لهذه المجموعة وإنك في حالة استرخاء (وقفة) والآن ركز على عضلات الوجهة والرأس (وقفة) حاول أن تمهد لعضلات مقدمة الرأس (وقفة) اجعل رموش عينيك أكثر استرخاءاً (وقفة) اجعل هذا الإحساس ينتقل إلى عضلات خدودك وإلى عضلات فمك (وقفة) وبالتدريج كلما تتنفس الصعداء اجعل جسمك يسترخي أكثر (وقفة) اجعل وجهك أكثر استرخاءاً مع عضلات الحنك وعضلات حول الفم (وقف) ابدأ أعمق وأعمق (وقفة) وأشير لي عندما تشعر بذلك (وقفة) (إشارة) والآن اجعل عضلات رقبتك ثم صدرك تسترخي (وقفة)، واجعل هذا الاسترخاء يمتد إلى عضلات ظهرك (وقفة) وأكتافك (وقفة) ثم معدتك (وقفة) ركز على مشاعر الاسترخاء (وقفة) لا يوجد شيء آخر يجب أن تهتم به (وقفة) اجعل عضلات ظهرك وأكتافك تصبح أكثر استرخاء (وقفة) اجعل نفسك تسترخي أكثر فأكثر (وقفة) وعندما تشعر بذلك أعطني إشارة (إشارة) أشير لي (وقفة) وظهرك (وقفة) وصدرك (وقفة) وأكتافك (وقفة) ومعدتك جميعها تم استرخائها بشكل كامل (إشارة).

استمر في إرخاء عضلات ذراعيك (وقفة) ووجهك (وقفة) رقبتك وصدرك (وقفة)، وأكتافك والآن ابدأ بإرخاء عضلات الرجلين والقدمين (وقفة) ركز على التغيرات في إحساسك (وقفة) ثم ابتدأ برجلك اليسرى وقدمك (وقفة) الآن حاول استرخاء كل جوانحك وجسمك (وقفة) وكل مرة تأخذ نفس حاول أن تسترخي أكثر (وقفة) والآن أعطي إشارة عندما تسترخي كل جسمك تماماً، (لا يوجد إشارة).

ومن الجدير بالذكر أنه إذا كان المستوى من عدم الارتياح لدى العميل عال فإنه يطلب منه أن يسترخي أكثر، ويمكننا الاسترخاء بالطلب من العميل أن يتخيل منظر يرتاح إليه أو بواسطة وضع إجراء لعد تنازلي متناسق مع تنفس عميق ومن خلال الملاحظة الحثيثة يمكن أن تزودنا بدقة عملية الاسترخاء لدى العميل.

2. **هرم القلق:**

الفكرة التي يعتمد عليها المعالج في تكوين هرم القلق: هـي أنـه في حالة الفوبيـا (الخـوف المرضي) أو في حالة القلق كثيراً إما نجد العميل يعـاني مـن اضطرابات تتعلـق بمخاوفـه، أو بقلقـه، فالعميل يتكون لديه شعور بالخوف نحو مثير معيق وأساسي، وإلى جانب هـذا المثير نجد أن العميـل يخاف من بعض المثيرات الثانوية الأخرى، والمشابهة للمثير الأصلي، أو المرتبطة به بشـكل مـا – تعمـيم المثير – ومن الطبيعي أن الخوف من المثيرات الثانوية ليس بنفس درجة الخوف مـن المثير الأصلي، إذ يمكن القول بأن هناك نقطة أساسية أو مثيراً أساسياً للخوف، تتسع حوله دوائر، وهـذه الـدوائر تمثل مواضع أخرى لمثيرات أخرى تثير مخاوف أقل، وأقل في شدتها وحتى نصل إلى درجة ضعيفة في الإثارة، وقد توصل ولبي إلى هذه الفكرة من خلال تجاربه على الحيوانات داخل المخبر البيسوكولوجي نـذكر من ذلك تجربته على القطة، حيث وضع ولبي قطة في قفص معدني ثم عرضها لصدمة كهربائية عنيفـة أدت بها إلى الخوف والثورة وبعد أن توقفت الصدمة امتنعت القطة عن الطعام ووصل هذا الانقطاع إلى فترة تتراوح بين 24 – 36 ساعة، ابتدأت بعدها

محاولات ولبي لمعرفة سبب ذلك، ووجد ولبي أن القطة رفضت الطعام أيضاً حتى بعد أن خرجت من القفص وانتهى ولبي من ذلك إلى أن هناك حجرة معينة استطاعت القطة تناول الطعام في داخلها وبتحليل خصائص هذه الحجرة وجد ولبي أنها ضعيفة الشبه بالحجرة الأصلية التي حدثت بها الصدمة، أقل شبهاً بالمكان الأصلي الذي حدثت فيه الاستجابة الشرطية للخوف - مكان الصدمة الكهربائية - كان احتمالي تناول الطعام أكبر، عندما فكر ولبي في وسيلة يجعل فيها القطة تأكل داخل الحجرة الأصلية التي تلقت فيها الصدمة الكهربائية، فأتى بالقطة وجعلها تأكل داخل حجرات سبع متدرجة الشبه بالحجرة الأصلية بدءاً من الحجرة الأولى الأقل شبهاً حيث كانت تأكل وتألف المكان جيداً، ودون أن تتعرض إلى أي انفعال أو خوف وبعد ذلك كان ولبي ينقلها إلى الحجرة التالية بالتدرج إلى أن وصلت القطة إلى الحجرة الأصلية التي تلقت بداخلها الصدمة وتناولت الطعام فيها دون أي انفعال أو خوف وبهذا زال الخوف تماماً.

نلاحظ في تجربة ولبي أن المنبه الأصلي كان مرتبطاً باستجابة الخوف وفي الحالة الأخيرة تم ربط المنبه الأصلي باستجابة الطعام الشرطية أي تمت عملية استبدال استجابة مرضية باستجابة أخرى، وتطبيقاً لهذا المبدأ تمكن ولبي من تتبع بناء المخاوف المرضية عند المريض، ومن معرفة دور المثيرات الثانوية إلى جانب المثير الأصلي في إحداث الخوف المرضي فبعد أن تم اللقاء مع العميل وبحث مظاهر قلقه ومخاوفه يحث المعالج العميل على تحديد المثيرات والمواقف والظروف التي تثير قلقه أو خوفه بشكل أو بآخر وبدرجات متفاوتة وذلك لتحديد المثيرات التي ترتبط بقلقه ثم يطلب من العميل أن يقوم بترتيب تلك المثيرات والمواقف ترتيب هرمي ابتداءً من أقلها إثارة إلى أكثرها وذلك على شكل مشاهد سيتم استخدامها من قبل المعالج لعرضها على العميل من أجل تخيلها وهو في حالة الاسترخاء في المرحلة التالية وقائمة المثيرات مدرج القلق قد تكون طويلة بحيث تشتمل على المثير الأصلي والمثيرات المشابهة له والمثيرات الأخرى، أو قد تكون قائمة مختصرة تشتمل على المثير الأصلي وما شابهه فقط وبإمكان المعالج تفصيل مدرج القلق، فمثلاً إذا كان المريض

يخاف من العنكبوت (وهذا من المثير الأصلي للخوف) يمكن للمعالج تحديد بعض المعلومات عن هذا العنكبوت (النوع، الشكل،...... الخ)، وبعد ذلك يمكن للمعالج البدء بأقلها إثارة، مثلاً البدء بتقديم عنكبوت صغير وميت كمثير ضعيف للخوف، ثم عنكبوت ذي لون أبيض أو فاتح، على أن يوضع على مسافة ثلاثة أمتار من المريض، وبعد إجراء عدة تمارين على هذا الوضع، يقرب المعالج العنكبوت شيئاً فشيئاً نحو المريض، وهكذا تجري خطوة بعد أخرى حتى يصل المعالج إلى المثير الأصلي للخوف بنفس خصائصه وصفاته التي أدلى بها المريض تقريباً والتي أدت إلى إثارة القلق والخوف عند المريض وعلى سبيل المثال، (العنكبوت الأكثر حجماً والأكثر حركة أو ذو اللون الأسود، ويكسو جسمه شعر كالوبر الخفيف، ويكون على مقربة من المريض....الخ.

ويجدر ذكره أنه لا يشترط بترتيب المواقف في الهرم الترتيبي المنطقي بل ترتب حسب شدة إثارتها للقلق عند نفس العميل وليس حسب منطقية قدرتها على استمرار القلق.

أمثلة على مدرجات القلق:

1. مثال تم اقتباسه من ولبي الذي قام بمعالجة طالبه في الرابعة والعشرين من عمرها كانت تعاني من حالة القلق الشديد تنتابها أثناء الامتحان وتؤدي بها إلى الدوار، وقد تبين للمعالج أن الطالبة كانت قد رسبت في هذا الامتحان عدة مرات، وبتشخيص الحالة وجد المعالج أن هذه الفتاة تعاني من مخاوف مرضية من الناس ومن الاحتكاك بهم أو من الوقوف معهم، وقد شفيت هذه الفتاة بعد (17) جلسة علاجية وقد تم امتحانها بنجاح تام، وقد وضع هذا المدرج:

    1. في الطريقة إلى الجامعة يوم الامتحان.
    2. أثناء أداء الامتحان.

3. قبل فتح قاعة الامتحان.

4. في انتظار فتح وتوزيع أوراق الأسئلة.

5. أثناء توزيع ورقة الأسئلة المقلوبة.

6. فترة ما قبل الامتحان.

7. الليلة السابقة للامتحان.

8. يومان قبل الامتحان.

9. ثلاث أيام قبل الامتحان.

10. أربعة أيام، خمسة أيام، أسبوع، أسبوعان، شهر قبل الامتحان.

يتضح من المدرج السابق أن مثيرات القلق من الامتحـان تضـعف كلـما بعـدنا عـن موقـف الامتحان نفسه، وقد وجد ولبي أن هنالك بعض المثيرات الفرعية التالية:

1. عندما يراقبني الغير أثناء الكتابة أو الرسم.

2. عندما يراقبني أثناء العمل ستة أشخاص.

3. عندما يراقبني أثناء العمل ثلاثة أشخاص.

4. عندما يراقبني أثناء الامتحان شخص واحد وكان ضريراً فيما أعمل.

وقد لاحظ ولبي أن خوف المريضة يزداد كلما اقترب الأشخاص أو المراقب منها.

3.   **تطبيق عملية تقليل الحساسية التدريجي، وتتضمن ما يلي:**

أ.   التدريب على التخيل، ويتم ذلك بتدريب العميل على التخيل للمواقف أو المشاهد الإيجابيـة المحايدة في البداية حتى يتعلم كيفية تخيل المواقف على أفضل وجهة وبأقرب ما يمكـن مـن الحقيقة والواقع.

ب.   وبعد الوصول إلى حالة استرخاء جيدة لدى العميل بمفرده وخـلال بضـع دقائق يبـدأ المعالج بتقديم المشاهد الموجودة في مدرج القلق تدريجياً بدءاً من المشهد الضعيف وحتى المشـهد الأقوى وذلك بواقع (2 – 4) مشاهد في الجلسـة الواحـدة بمعـدل (3 – 4) عـروض للمشـهد الواحد حتى تتمكن استجابة الاسترخاء من التغلب على استجابة القلق، وبعد تقديم المشهد الضعيف الموجود في أسفل مدرج القلق يطلب من العميل أن يتخيـل ذهنيـاً نفسـه وهـو في هذا الموقف الذي يمثله هذا المشهد، وليكن هذا التخيل (النظر من النافذة من مكان مرتفع)، وهنا قد يصعب على بعض العملاء أن يقومـوا بالتخيـل الـذهني المطلوب، وذلـك في حالـة استحالة توفر المشهد بصورة طبيعية كذلك لا بد من تمرينهم على مثل هذا التخيل إذا تطلب الموقف ذلك وقد يضطر المعالج إلى القيام بالتنويم المغناطيسي، وفي مثل هذه الحالة إذا قدم المعالج أضعف المشاهد فيظهر درجة بسيطة من القلق سرعـان مـا تـزول بواسـطة اسـتجابة الاسترخاء ولأن استجابة القلق، والخوف والتوتر، تحتوي كجزء من مكوناتها عـلى تـوتر عضـلي أو يدوم عادة تخيل العميل للمشهد حوالي (5 – 8) ثواني بعدها يقوم المعالج بوقـف العميل عن التخيل وعلى أن يسترخي ثانية، ويترك عادة حوالي (10 – 15) ثانية ثم تثار لـدى العميـل الصورة ذاتها، ثم تتكرر هذه العملية مرة ثالثة ورابعة.

ج. توجيه تعليمات للعميل بأنه إذا شعر بأي قلق أو خوف أثناء تخيل المشهد، عليه إعطاء إشارة للمعالج وحسب الطريقة المتفق عليها، وفي هذه الحالة - أي عند إعطاء الإشارة يوقف المعالج المشهد أو الصورة ويطلب من العميل العودة إلى الاسترخاء، وعلى أساس أنه لو حاول مرة ثانية ووجد أن القلق لا يختفي يكون من الخطر الاستمرار في عملية العلاج، وإنما من المفروض على المعالج العودة إلى المشهد السابق ويقدمه مرة ثانية للعميل وحتى يتم الفصل التام بين المشهد وبين استجابة القلق، ثم يتقدم المعالج خطوة ثانية نحو المشهد التالي ويقوم بإجراء العمليات السابقة بنفس الأسلوب فإذا تكررت عملية قلق العميل وانفعاله فمعنى ذلك أن هناك مشهداً أو درجة تقع بين المشهد الأول والمشهد الثاني الذين قد قدما للعميل وأن هذا المشهد لم يكتشف بعد من قبل المعالج، وعلى المعالج اكتشاف هذا المشهد وتقديمه للعميل حتى يستجيب له بالاسترخاء، ثم يستمر المعالج بالدرجات صعوداً حتى يصل إلى نهاية مدرج القلق (أي إلى المثير الأصلي)، والمفروض أنه كلما صعدنا درجة في مدرج القلق نكون قد أفرغنا من محتوى هذه الدرجة المثير (المشهد) المسبب للقلق، وبهذا تفقد الدرجة التالية جزءاً من طاقتها لارتباطها بالدرجة السابقة، وبهذا تكون التالية أضعف مما لو كانت في حياة العميل العادية، وبالتالي يكون الاحتمال الأكبر في أن تتغلب عليها استجابة الاسترخاء، ويمكن الاستعانة ببعض الوسائل من أجل قياس مدى القلق أو الخوف مثل جهاز (E.E.G)، أو قياس التغيرات التنفسية، وضربات القلب.... الخ، هذا وقد تبين بأن المعالج لا يمكنه التقدم بأكثر من درجتين أو ثلاث درجات في الجلسة الواحدة التي تتراوح بين (45 - 50) دقيقة يأخذ منها المعالج حوالي (10 - 15) دقيقة للاسترخاء.

والواقع أن عملية تقليل الحساسية التدريجي تعتبر أصعب مراحل العلاج السلوكي، وتنعكس هذه الصعوبة على نجاح عملية العلاج أو فشلها، ومن المشاكل التي تعترض المعالج أحياناً الشك بمعرفة المريض فيما إذا نجح في الوصول إلى

عملية تخيل جيدة أو لا، ويمكن للعميل أن يشير إلى ذلك عن طريق رفع أصبع سبابة يـده، وأحياناً يبدو أن العميل أكثر تثبتاً عند مشهد من المشاهد، وأن المقدرة على عملية تخيل جديد كفت تماماً (Totally Inhibited)، ويضطر المعالج أحياناً الاستعلام عـن صفات المشاهد التـي يستحضرها العميل حتى يقرر مدى سيطرة العميل على مشهد ما، وكذلك فإن اختلاف العملاء يتطلب مستويات مختلفة من التفاصيل والمعلومات الشفوية والمقدمة للعميـل، وعـادة تكون بعض التفاصيل التـي لا علاقة هامة لها بالموضوع تؤدي بالعميل إلى تخيل بليد مشوه (Sluggish)، فمثلاً أن تخيل صريـر الباب (Creaks) نتيجة حركته على المفصلات (Hinges) أو سماع صوت سحب، أو جر كأنما الباب قـد فتح، مثل هذه الأمور هامة في إثارة مشهد يحتوي على الخوف من القطة التي تدخل من الباب، ولكن بعض المعالجين يكتفون بتصوير مشهد دخول القطة من الباب فقط، وبعـض المعـالجين ينتقلـون مـن مرحلة علاج إلى أخرى دون التأكيد فيما إذا كان القلق المصاحب للمرحلة السابقة قد زال نهائياً أم لا، ولأن ذلك سيؤثر على الخطوات التالية للعلاج، ويجعل هناك صعوبة في عملية كف استجابة الاسـترخاء لاستجابة القلق وقد ابتكر لانج (Lung) عام (1969) جهازاً لإجراء تفصيل سير التدريجي سمي الجهـاز تقليل الحساسـية الآلي (Device For Automated Desensitization) ويرمـز لـه عـادة بجهـاز (DAD)، وفي هذا الجهاز شرائط يسجل عليها تعليمات الاسترخاء، يلي ذلك عدد من فقرات الخـوف – حصل عليها من العميل نفسه – وعلى الجانب الآخر من الشريط معلومات، وشرح، وتفسيرات للعملاء عن موضوع الخوف.

4. **وأخيراً اختبار أثر التعلم في الحياة الواقعية:**

ويتم ذلك بنقل العميل إلى واقع الحياة، وتعريضه للمثيرات المثيرة للقلق لديه أصلاً، للتأكد من أنها تعد مثيرة لذلك القدر من القلق الذي يستثار في السابق، وتعد هـذه المرحلـة مرحلـة تقسـيم ضرورية في العلاج، كما تلعب دوراً هاماً في تزوير شعور العميل بقدرته على مواجهة الموقف فعلاً.

معالجة الخوف المرضي من الأماكن الواسعة والمكشوفة أو المنعزلة والخوف المرضي من المرتفعات بأسلوب التعويض البطيء (تقليل الحساسية التدريجي).

Treatment of high phobia & Agoraphobia using Slow Exposure.

تبدأ المعالجة بتعويض المريض للعنصر الأقل تهديداً بالسير (مشياً) خلال شوارع جانبية غير مزدحمة وصغيرة بموافقة المعالج، والتقدم في العلاج حتى هنا بطيء، وعند الانتقال خارج بوابة المستشفى فإن المريض يبدأ بقلق بشكل واضح إذ يظهر عليه العرق بغزارة ويأخذ بالصراخ (أريد العودة إلى المستشفى).

فيقول له المعالج إذا أردت العودة الآن سيكون ذلك أكثره صعوبة بالنسبة لك فيما بعد، فحاول أن تأخذ الآن بعض النفس العميق واسترخي، وبذلك ستشعر أنك أصبحت بشكل أفضل وبالتالي ستتمكن من السير في الطريق لمسافة أبعد، وفي الجلسة الأولى استطاع المعالج والمريض في الاستمرار في السير دون أن يخاف المريض وبذلك أصبح للمريض دافعية في متابعة الخطوة القادمة، فقد أخذ بدربه في السير في الطرق المرتفعة تدريجياً طالباً منه أن يبتعد في كل خطوة، ففي البداية كان ذلك صعباً للمريض ولكن بالتدريج أصبح قادر على فعل ذلك وأصبح في الجلسات اللاحقة قادراً على صعود الدرج الداخلي لوحده في المستشفى.

وفي المرحلة التالية بدأ علاج خوفه من الجسور، حيث أن المعالج والمريض صعد الدرج الذي يصل إلى الجسر فوق طريق مزدحم قريب من موقف سكة الحديد تحت الأرض، وفجأة مسك المريض بذراع المعالج، صارخاً: "المساعدة، لا أستطيع الاستمرار، أشعر بدوار،....". فطلب المعالج منه أن يجلس وقال له: (ستزول الآن الدوخة وترتاح).

وكان هنا الناس قد تجمهرت حوله، وبعد أن ذهبوا وتغلب على قلقه واصل المعالج في الجلسة التالية في مساعدة المريض للتعود على الصعود على الجسر الذي يعبر الطريق بنجاح، وبعد ذلك وافق المريض أن يذهب معه إلى جسر للمشاة فوق

نهر التايمز، واستطاع بداية السير لمسافة (10) ياردات على الجسر، وهنا قرر المريض أن يعالج هذه المشكلة بنفسه ووافق المعالج على ذلك.

وبعد ذلك أصبحوا يتسوقون في مراكز مزدحمة، وكذلك ذهبوا إلى مدرجات للمحاضرات، في البداية جلس المريض في المدرج مع المعالج لوحدهما.

توضيح استخدام أساليب تقليل القلق المضاعف:

Illustration of the Use Multiple Anxiety:

على الأغلب العديد من الطرق المستخدمة في تقليل القلق يمكن استخدامها مع العميل، وهذا موضحاً في المثال التالي:

طفل عمره (7) سنوات يعاني من الخوف مرضي من الكلب، وحدّث الناس المهمين في حياته وسائل راحة تقلل من خوفه، وكانت أمه تقوم بإيصاله إلى المدرسة (4) مرات في اليوم حتى لا يتعرض لكلب ما، كما توقف والده عن الاشتراك في عدد من الرياضيات الخارجية لأن ابنه لم يعد يذهب خارج فناء الدار، ولم يشترك الولد في أي نشاط في المدرسة وذلك لاحتمالية تعرضه للكلاب، لذا وصف بالمنسحب، فهو يقضي معظم وقته في البيت في غرفته.

إن تطور هذا الخوف المرضي لهذا الطفل من خلال حوادث حصلت، أحدها أن الكلب قد اقتحم فناء الدار وتهجم على الولد وكان هذا قبل (6) سنوات، لذا يرفض الولد الآن الخروج خارج المنزل إلا إذا رافقه صديقه أو أحد أفراد عائلته.

وفي العلاج استخدمت الإجراءات المتداخلة التالية:

• **التدرب على الاسترخاء:** حيث أعطيت (7) جلسات تدريبية، وتم استخدام الواجب البيتي عندما أعطي الطفل بطاقة وطلب منه أن يدون عليها موعد كل جلسة له.

- **تكوين الأهرام**: وتم تكوين الأهرام خلال 11 جلسة.

- **تقليل الحساسية التدريجي**: وتم البدء في الجلسة الثامنة وتم الوسع به في الجلسة العاشرة.

- **ملحق تقليل الحساسية**: إذ أعطي الولد مجموعة مؤلفة من (14) صورة فوتوغرافية لكلب خلال الجلسة الخامسة وطلب منه أن يختار اثنتين كل يوم وأن يضعها في غرفته، وطلب منه أن يكتب قصة جيدة عنه وعن الكلب.

وأعطي في الجلسة العاشرة تسجيلاً على شريط لمدة خمسة دقائق لنباح الكلب وطلب منه أن يسمع الشريط بعد جلسة الاسترخاء عند الاسترخاء وأن نزيد الصوت كلما زادت الجلسات، وعندما تطبق استجابات (ردود أفعال، لهذا التسجيل، فمنه يقدم تسجيلات أخرى لنباحات عدد من الكلاب المختلفة).

- **التدرب على مهارة التفاعل مع الكلاب:**

فقد تم تعليم الطفل أن يفسر حركات جسم الكلب كهز الـذنب وحـك الرقبة، واستخدم نموذج من الحركات المشجعة باستخدام نموذج حيواني (دمية كلب) مثل فرك الـرأس، والربـت علـى الظهر، وحك الأذن، وطلب من الولد أن يقرأ أجزاء من كتيب مدرب الكلب.

- **إجراءات النمذجة والممارسة والمعززة:**

أقيمت سلسلة جلسات لتزويد بالكشف الآمـن للمثيرات المخيفـة لحـدث أو لموضوع أقـل عدوانية، والهدف الثاني أن يتدرب الطفل علـى التعامـل مـع الكلاب ومهارات اللعب خـارج المنـزل، ويراقب الطفل نموذجين الأول لعملية حك الأذن، وإطعام الكلب، الملاحظة، وإعطاء أوامـر بسيطة، ووجود نماذج ضمن حوار بنائي بين كل وآخر لتوجيه انتباه الطفل إلى حوادث منفصلة (غير مرتبطة بالموضوع)،

وخلال الجلسة الثانية تـم إعـادة تطبيـق العنـاصر المهمـة لآخـر جلسـة كانـت قـد نفـذت بالبداية.

وعندما راقب الطفل النماذج مثل رمـي الكـرة والاختباء وراء السياج، فشجعته هـذه النمـاذج أن يتفاعل بصورة مباشرة من خلال إعطاء أوامر للكلب بأن يرمـي الكـرة فـوق السياج ويـأمر الكلـب بإحضارها.

وفي الجلسة الثالثة رتب فيها الاتصال المباشر مع الكلب، إذ تـم إتبـاع تسلسـل متـدرج فيـه وصف لنموذج ذكري متفاعل مع الكلب بحك أذن الكلب، ويقلد المرشد هذا من خلال السياج بينما (يقوم باستجابات لفظية غير قلقة)، وثم يطلب من الطفل أن يقلد السلوك وأيضاً في الجلسـة الثالثـة طبق التقليد الملائم وتم تجاهل سلوك التجنب والحيرة، وهذا التـدرج: النمذجـة، التقليـد والتلقـين والتعزيز قد كرر عدد مرات لتفاعلات عديدة يتضمن ملاحظة ظهر الكلب في إطعامه البسكوت.

وفي الجلسة الرابعة كان هناك اتصال مباشر بدون عملية انقطاع، مع إعادة عناصر الجلسـة الثالثة، واستخدام التلقين، والعقاب اللفظي اللطيف (Mild verbal punishment)، وقدمت حـوادث مرورية (novel) متنوعة خلال جلسات تالية لتشجيع تعمـيم تقليـل القلـق، وكـان محتـوى الـثلاث جلسات الأولى متضمناً بكلب جديد خلال خمس جلسـات وتـم تشـجيع التفـاعلات الفعليـة (active interaction) خلال الجلسات المتبقية.

* **عمل برنامج لنشاط خارج المنزل:** هـذه المرحلـة تبـدأ في الجلسـة العـاشرة وتـم فيهـا إعطـاء مهمات جديدة تتطلب إمضاء فـترات زمنيـة خـارج المنـزل والهـدف مـن هـذا الترتيـب هـو اكتساب مهارات اجتماعية ومهارات اللعب التي ينبغي أن تكون متعارضة مع من يعانون من الخوف المرضي من الكلب.

وتتضمن هذه المهمات: تقديرات للعودة من المدرسة للبيت بالبدء في 10/1 من المسافة، ولعب التنس، وركوب الدراجة الهوائية، ورحلات للمكتبات، ومشاهدات ألعاب البيسبول والبدء بالبقاء لفترات.

- **إعادة بناء البنية الاجتماعية**: فيها عقد المرشد خمسة مقابلات مع الوالدين طلب منهم عدم دفع ابنهم للخوف وأن يقدم الثناء على كل سلوك مناسب مع أي حيوان أو الثناء على أي حالات السلوك الكفوء.

كانت نتائج هذا البرنامج إيجابية جداً، فقد بقي الطفل خارج البيت بدون قلق من الكلاب خلال الجلسة السادسة، كما بينت المتابعة بعد (18) شهراً استمرارية التعبيرات الإيجابية، ولم يعد معزولاً اجتماعياً ولم يعد منطوياً، بل أصبح يلعب خارج المنزل سواء مع نفسه أو أصدقائه ولم يعد يتجنب المواقف التي من الممكن فيها أن يواجه أو يقابل الكلب.

الفصل الثاني

العلاج الذاتي

العلاج الذاتي

هل يحقق الإنسان ذاته؟.... كيف؟

أنت كإنسان لديك القدرة وعندك المسؤولية لتغيير وتحسين ذاتك ونفسك وشخصك.

نعم تستطيع تحقيق ذاتك:

وتستطيع تنمية كل قدراتك وإمكاناتك لتسير باتجاه هدفك، إن العمل من أجل ذلك يبدأ بفهمك لذاتك، فهمك للهدف الذي تريد تحقيقه أو الأهداف التي تنشدها.

تستطيع أن تختبر تجاربك الشخصية، تقيمها، ثم تعيشها وتأخذ منها الفائدة للسير نحو الهدف الذي سيصبح **عنوانك إلى الحياة**... الهدف الذي سيعطي حياتك المعنى، والروح، والإحساس بالسعادة.

كيف تعمل؟

عليك أن تقيم إدراكك للبيئة والمحيطين، ثم أن تقيم نفسك وأعمالك وأن تنظر إلى واقعك الداخلي، وهل خبراتك في الحياة أخذت جزءاً من داخلك... أم أنك حرفتها، أم استبعدتها!!!

هل هذه الخبرات أعطتك دافعاً للسير باتجاه أهدافك؟

أم أنك شوهتها وأعطيتها صورة غير منسجمة مع واقعك الداخلي؟

تأمل داخلك جيداً، فأنت أفضل من يرى هذا الداخل، لا تصدر أحكاماً قيمية على ملاحظاتك هذه، اتركها كما هي، واسمح لها أن تقول لك شيئاً

مفيداً تستفيد منه، فكل خبرة، وكل تجربة في الحياة، جديرة بأن تغلق شكاً، أو قلقاً، أو ارتباكاً.

من هذه الخبرة، تبدأ في تحسين، البناء الداخلي الذي تسكنه، تتقبل هـذا الواقـع، وتنسـجم معه، وتعيشه، فهو أنت.

وأنت قادر على تحمل مسؤولية هذه الذات، التي هي أنت، قادر على أن تغير فيها، تطور فيها، ترفعها تجعلها تحلق، في محيطات من السعادة والرضا، ومشاعر الغبطـة والأمـل ولـيس في أحـلام اليقظة أو الشحطات غير المنسجمة مع واقعك.

أنت تعيش هذه الحياة مرة واحدة، **ثق بقـدراتك، ثـم طورهـا**، اسـتفيد مـن الأخطـاء، مـن التجارب موجبها وسالبها.

أنت حر منفتح على خبراتك، هكذا تستطيع أن تكون، فكل مشـاعرك الإيجابيـة، (الشـجاعة، الكرم)، والسلبية، (كالخوف والألم)، هي لا تشكل لك تهديداً.

- **أنت قادر على العيش باستمتاع في كل لحظة من حياتك**، فالخبرات في كل لحظة تتجدد، فهي خبرات عذبة جديدة، فحياتك دائمة التغير، هكذا أدركها، وهكذا هي.

فلا تنسج الجديد منها، على شاكلة القديم.

فالحياة، **موضة، أذواق**، أقصد فيها من ذلك، فما يلائم فترة جديدة منها قد لا يلائم الفـترات السابقة، لا تعود إلى القديم، الماضي، السابق، (**إن حياة الحـاضر، والآن، واللحظـة**)، هـي حياتك، هـي أنت، أنت الحي الذي يعي أين هو؟ ماذا يريد؟ وبماذا يفكر؟

لا تنقاد بأحكام الآخرين، **ليكن لك حكمك الذي تثق به**، استعمل كـل حواسـك، وقـواك، إن قوتك وحريتك الشخصية الذاتية تسمح لك بأن تتحرك في كل اتجاه، وأي اتجاه مـن خـلال تسـير نحـو هدفك، حتى تكون أنت نفسك، وليس أنت الآخرين الذين رسموا لك الحياة.

فأنت مهندس حياتك، ومخططها، ومخرجها، فاستعمل هذه الهبـة الإلهيـة التـي زودك بهـا الخالق عز وجل، ثم قم بقيادة سفينتك الداخلية بنفسك.

- **أنت مخلوق مبدع، زوده اللـه عز وجل بالعقل، والهداية والتفكير،** نعم، ومن هنا تستطيع أن تتكيف في كل الظروف، لـديك المرونـة، وعنـدك المقـدرة حتـى علـى البحـث عـن خبـرات وتحديات جديدة.

إن الصفات مثل محظوظ، سعيد، قانع،...الخ هي ليست مـن صفاتك، فأنت تشعر بهـذه الصفات أحياناً لكن ما ينطبق علـى خبراتـك هـي أنهـا ثريـة، غنيـة مثيـرة، مجزيـة، فيهـا معنـى، إنهـا متحدية.

وهكذا فالشخص المحقق لذاته، لا يكون جامداً عند وصف، أو صفة مـا فهـو الباحـث عـن التحدي، والإثارة، والمعنى، أما القناعة السـابقة فهـي ليسـت قناعـة المـال أو البنـون أو الأرزاق، وإنمـا **قناعة الجمود** والتسمر في المكان ضمن ظلال زيف الاعتقاد الخـاطئ، وعـدم البحـث عـن الجديـد في الحياة، ثم أيضاً عدم البحـث عـن النمـو المتواصل المسـتمر، واسـتعمال كـل إمكانـات الفـرد، بانفتـاح ومرونة مع كل خبرة جديدة.

- **ثق بأنك لست عبداً للأحداث التي تعرضت لها وأنت طفل صغير:**

إن نظرتك للحياة يجب أن تكون تقدمية وإلى الأمام، ويجب أن تكون متوجهـة نحـو النمـو بدلاً من الركود، أو السير إلى الوراء.

إن الأمان، لا يكون بالاختفاء، أو الاختباء وراء الأشياء المألوفة، إن الأمان يكون في البحث عن تحديات جديدة ومثيرات مختلفة - بحيث نجرب عالمنا بشكل كامل وبكل حرية ومرونة وتلقائية وشجاعة وجراءة.

هل أنت عقلاني:

* لا يوجد شيء جديد أو سيء بطبيعته وإنما يعتمد ذلك على الطريقة التي تفكر بها...!

إن التفكير السلبي يقود إلى العاطفة السلبية، ومن ثم يصل بالفرد إلى المشاعر والأحاسيس السلبية غير المنتجة، ثم إلى السلوك الهازم للذات.

فأنت عندما تفكر داخل نفسك وتقول بأنك إنسان عديم الفائدة، ولا جدوى من حياتك، تبدأ تشعر بأحاسيس الفشل، والضياع، ومن ثم تنعكس أسارير وجهك، لتعكس الحزن والغم والكدر، لكن لو قمت بتحويل الكلمات الذاتية إلى أنك شجاع، متفهم، وأن الحياة رائعة حلوة، فيها تجارب سأستفيد منها، في المرات القادمة، وأنا سعيد لأنني كل يوم أرى الحياة بلون جديد، عندها ستنعكس أفكارك على مشاعرك ثم سلوكك وتشعر بالبهجة والسرور وبالطاقة المنتجة الفاعلة، وهذا أيضاً سينعكس على صحتك النفسية، ثم صحتك الجسمية وتبدأ خلايا جسمك تحاكي خلايا نفسك إن جاز القول، وتبدأ عندها الألحان والرنين، بعزف سيمفونية حلوة فوق حياتك، ومعها، ومنها.

نعم سوف تقود نفسك بوعيك لأفكارك، لإطلاقها، وزراعتها طبعاً الموجب منها.

قم بالتدريب على **الكلمات الذاتية البناءة**، واجعلها عنوان حديثك الداخلي.

من أنت؟؟

- **اعلم بأنك إنسان له أخطاء** وعنده محبون، واعلم أن البعض منهم، قد لا يبادلك مشاعر المودة، وإذا حدث هذا، فطاقتك مصدر سعادتك، حذار أن ترسلها بعيداً، وراء حب كل الناس، فلا تضحي بكل رغباتك سعيداً وراء هذا الهدف.

- **اعلم أن الكمال، في هذا الكون محال**، فاعمل ما تستطيع لنفسك، لا تنافس الآخرين، اجعل حياتك ممتعة، ندية مزهرة، ولا تنسى ذاتك، باحثاً عن كمالٍ زائف.

- **لا تحاسب الآخرين**، فكل الناس يخطئون، إن لومهم ومحاسبتهم سيبعدهم عنك.

كن مدركاً لأخطائهم، لطيفاً في حوارهم، فالخطأ المطلق أو الصواب المطلق، لا يوجد في هذا الكون، والنفس البشرية تأبى المحاسبة، فلا تكن حسيباً.

- **لا تأتي الأمور كما يريد الإنسان**، قد تصادفه العراقيل والأزمات، إنها ليست مصيبة، لو جاءت الأمور عكس ما أريد لها، إن السماء زرقاء، وهذه حقيقة، ولا يوجد سبب لتكون غير ذلك، إن الأفضل هو أن لا نسب الظلام، بل الأفضل هو أن نقيد شمعة ونستمتع بها.

إن السعادة كما هي التعاسة لا تأتي إلى الفرد من ظروف قاهرة فلا يستطيع الفرد أن يتحكم بها.

نعم تستطيع بكلماتك وحديثك الذاتي أن ترى الظلام شيئاً عذباً فيه من روح الشعر، وطلاوة الهدوء، وتستطيع أيضاً بحديثك الذاتي أن تجعل القمر وهو

يتألق في ظلام الليل، ومعه النجـوم، وهـو الأزهـى في لوحـة المسـاء، تسـتطيع أن تـرى فيـه الشـحوب والغشاوة والسواد.

- **لا تنشغل كثيراً ودائماً بأزمات الكون ومخاطره**، وأهوال الاقتصاد، ومشاكل السـوق، واقـتراب المعارك، فهذه الطاقة التي تبذلها متخوفاً من كارثة ستحصل، وأنت لها متحفزاً، جاهزاً، وفيما لو حصل، سيكون تأثيرها عليك كبيراً، ستقول لنفسك ألم أقل لكم عنها، سـتركض في الشـوارع قائلاً، ألم أخبركم عن هذه الكوارث، ها هي قد حصلت، ستفقدك هذه الانشغالية الدائمة كـل طعم للسرور في حياتك، ستجعل منك نذير شؤم لك، ثم للآخرين من حولك.

- **فكر بالاستمتاع بما حققته**، وما سـتحققه مـن نجـاح وهـدوء، فكر أن الكون، يشـاركك في الآخرون، هناك المليارات من يسكنون هذا العالم، وهم يرغبون في العيش باستمتاع فيه.

- **إن الحياة السهلة، والخالية من المشاكل، هي ليست بالضرورة هـي الحياة السـعيدة**، يمكـن لك أن تتجنب بذكاء الواجبات الملقاة عليك، لكن غير الضروري منها، عنـدما تكـون مضايقة لك، **لكن ليس عليك أن تهرب من صعوبات حياتك ومشاكلها**.

- إن حياة التحدي وتحمل المسؤولية والمثابرة والإنجاز هي الأكثر إمتاعاً، عقلياً، ونفسياً.

- لا تفكر دائماً بأن تكون اعتماديـاً على غيرك، وعلى الآخرين، إن المبالغة في هذا الأمر سـتجعلك اعتمادياً غير مستقل، لن تكون منفرداً، لكي تكون حراً.

إنك بذلك تعط الآخرين قيادتك، لن تشعر بـالأمن وأنـت تبـالغ في اعتمادك عـلى الآخـرين والذين تعتقد بقوتهم، وأنهم أفضل منك حالاً وقوة ومن خلالهم سوف تصل، وسوف تزداد قوة.

إنك هنا تبقى تحت رحمة الآخرين، تابعاً، منقاداً، ثم فوق ذلك بلا حرية.

لتعلم أننا نحتاج الآخرين، لكن عندما يكون لذلك مدعاة أو حاجـة ضروريـة، لكـن لـيس في كل أمر، ومع كل هبة ريح.

إن الفشل بحد ذاته ليس مصيبة أو كارثة، إنه تجربة منها الفائدة والتقييم، للنجاح الأفضل.

لا شيء يقرر الحاضر، فلا الماضي، أو خبراته من الممكن أن تلقي ظلالها إلى الحاضر.

إن ما كان ضرورياً في الماضي، في ظروف معينة يمكـن أن لا يكـون ضرورياً للحـاضر، ثـم إن حلول الماضي، قد لا تكون مناسبة البتة للحاضر.

إن الماضي فيه أهمية، يمكـن للشـخص العقـلاني، أن يحـاكم معتقداتـه الماضية، خاصـة غـير المنتجة وغير النافعة، مؤكداً على العمل بطريقة أكثر نفعاً وإنتاجية في وقته الحاضر.

• **إن العالم مليء بأحداث وكوارث بعضها** طبيعـي وفيزيائي بفعل ظروف الطبيعـة وعواملهـا، وبعضها بفعل الإنسان، ومشاكل المجتمعات، وأياً كانت الأسباب والمسببات فعلينا أن لا نحزن كل الحزن وننسى حياتنا في ظل مـا حـدث للآخـرين، أو أن نضـع أنفسـنا مكـان الآخـرين في حزنهم، وحياتهم أو نهيم بأنفسنا، وراء أحزانهم، أو شفائهم، أو شقائهم.

- **إننا بشر، نتأثر بما يدور حولنا، لكن، دون مبالغة** أو نترك أنفسنا تسير كريشة في فضاء الأحداث، تتقاذفها اللجج والرياح والحمى البركانية، أو أمواج المحيطات، تشاء وإلى أين تريد.

- **علينا ضبط تعريفاتنا للمواقف، أو الأحداث،** أقصد التعريفات الذاتية التي نصف بها ما نراه أو نسمعه، علينا أن نكون أكثر وعياً بالحديث الذاتي الذي من خلاله يمكن أن نشعر بالسوداوية والانهزامية والتخلف، أو نشعر بالبهجة والنصر، والسرور.

لا أريد أن تكون كما هو حال النجار، الذي أصلح أبواب الآخرين وخزائنهم، لكن دون بابه وخزائنه.

هل تعتقد بأن هنالك حلاً لكل مشكلة تواجهك؟

هل تؤمن بأنك سوف تفشل إن لم تجد حلاً مثالياً وصحيحاً لمشكلتك؟ إن الواقع، والحياة، تعلمنا، بأنه ليس هناك دائماً حلاً كاملاً لأي مشكلة، إنك وأنت تلح على نفسك باتجاه مثل هذه الحلول الكاملة للمشاكل التي تعترضك، تدفع بنفسك نحو التوتر، والقلق، والهروب.

لا تبحث عن حل في عنق زجاجة:

حاول أن تجد حلاً، ضع أمامك عدة احتمالات، وحلول، اختار من بينها ما يناسبك، وازنها، اقبل الأفضل من بينها والذي نستطيع القيام به، أو يمكن لك ولظروفك وقدراتك من تطبيقه، فهذا الحل، وإن لم يكن مثالياً تاماً، كاملاً أو كمالياً، فهو الأنسب، بل والأقرب، إلى التحقيق.

- **هل تؤمن بالرسمية والجدية في حياتك؟؟ هل هذا يعطيك أهمية وقيمة بين الناس؟؟**

حذار، أن تبني قيمة عفواً (قيمتك) على جدار الرسمية والمجاملات وارتداء الأقنعة وهذا ما يسمى بالرسمية، هذه الرسمية التي من الممكن أن نتشربها، بارتداء قناع فوق قناع، قناع من الشكل، والتصرف فوق قناع آخر، فهذا القناع فيه من التمثيل والخداع الذي قد ترى فيه احتراماً من قبل الآخرين، لكنه احترام مؤقت، عارٍ من كل ما هو احترام، إنهم يرونك فقط ما تريد، وأنت ترى فقط زيف قناعك، وكلاكما، في مسرحية هي مسرحية الأقنعة الزائفة، التي لا تنمي عندك روحاً أو خلاقاً أو قمة.

- **كن لبقاً، ذكيّاً في حضورك**، مشاركاً لاحترام، فاعلاً بانتظام واعياً لما يدور داخل نفسك، واعياً بالأفكار الذاتية التي تقولها، سوف تثق بنفسك ثم سوف يثق بك الآخرون.

هل لديك ميول ثم قدرات واستعدادات ثم قناعة بعملك؟

إن كل شخص، يشكل نمطاً فريداً من الإمكانات والقدرات والاستعدادات وهذه القدرات المختلفة يمكن التعرف عليها من خلال الاختبارات المتنوعة، ثم إن هذه الاستعدادات والقدرات تناسب أعمالاً مختلفة بحسب قوة تواجدها عند هذا الشخص، وإذا ما ارتبطت هذه القدرات مع مهمات العمل المناسبة فإنها سوف تحقق نمواً ممتازاً عند هذا الفرد فتجعل منه رياضياً بارعاً مثلاً أو مهندساً موهوباً مميزاً، أما إذا خالفت القدرات والاستعدادات طبيعة العمل الذي أراده هذا الفرد، فلا شك أن النتيجة ستكون فشلاً وعدم رضا.

إن الميول والاستعدادات المناسبة لعالم المهن في دنيا الواقع قد يتلمسها الأب في ابنه صغيراً، عندما يراه، مفككاً اللعبة الحديثة التي أحضرها إليه، إلى أجزاء، ثم

في محاولته لكشف أسرارها وإعادة تركيبها، أو في ميل ولده للقراءة والمطالعة بشغف نحو موضوع أو مادة دراسية معينة.

سؤال قد يطرح؟

هل يستطيع الفرد أن يغير عمل ما، بعد أن كافح من أجله؟ هل هذا، أو هذه حالة صحيّة؟

هل العمل، هو جزء من الشخصية؟ أم الشخصية كلها؟ أم أن العمل امتداد للشخصية الإنسانية؟

أم أن العمل هو مصادفة، حصلت للفرد من خلالها تم الاختيار؟؟

إذا كنت تؤمن بأنك سوف تكون طبيباً، وأنت تحب أن تكون طبيباً في المستقبل فنك سوف تكون طبيباً ناجحاً متمتعاً بحياتك وعملك.

إن الحياة هي العمل، وإن العمل هو جزء منك، هكذا سيكونْ إن لم يكن بعد، حتى أن بعض المتقاعدين عندما يحال إلى التقاعد، ليس بناء على رغبته تجده فاقداً لجزء من ذاته ومن نفسه.

إن العمل، هو امتداد لشخصية الفرد في حياته بطريقة معنوية كما هو حال أبنائه، فهم امتداد لحياته، بطريقة بيولوجية فالعامل لا يشكو الفراغ، أو فراغ المعنى من الحياة، لكن لن أبالغ عن قلت شريطة حدوث التوافق بين القدرات والميول أو الرغبات والعمل، وعندها وبوجود التعزيز المادي المناسب، سيحقق الإنسان النجاح تلو النجاح.

الوضع ليس بالسُوء الذي تتصوره:

ماذا لو قلت لنفسك هذه العبارة: (الوضع ليس بالسوء الذي تتصوره سيكون الحال أفضل في الصباح)، تقول هذه العبارة فيما لو كان الخطب قد أدلهم، والأمر بات عصيباً، ومنت في موقف صعب لا تحسد عليه.

إن تأثير العبارة، سينتقل كهربائياً إلى كل خلايا جسمك ستشعر أن الحرارة بدأت تسير من أعلى جسمك وحتى أسفله لا أبالغ، لكن شريطة أن تستشعر أن الأمر ليس بهذا السوء، وأن الصباح، بعد ليلة هادئة، تكون مسترخياً فيها هادئاً، سيكون الأفضل.

إن إيماناً بقدراتنا على أن نكون أفضل، وأن نعمل بشكل أفضل كافي أحياناً لإعادة تجديد الخلايا التالفة المسحوقة في أجسامنا، حقاً لا شيء أقوى من الإيمان، لا شيء أقوى من الإرادة، إرادة الحياة.

هل لك أن تغضب؟

اغضب، لكن تجاوز غضبك، ولا تتركه قيداً لك في رؤيتك الحقائق التي حجبها عنك ضباب هذا الغضب.

اغضب، ثم خالف زاوية الرؤيا التي حجبت عنك نور الواقع، ومسؤولية الأمر.

لتكن مسيطراً على حياتك الداخلية، ضابطاً لها وأن لا تجعلها هي قائد مسيرتك عبر الأيام، والسنوات.

فكر بالنقاط الآتية:

- لا يوجد شيء لا يمكن فعله.

- كن دقيقاً فيما تختاره، ربما تحصل عليه.

- لا تترك حقائق الآخرين تقف في طريق اتخاذك للقرار الصحيح.

- لا تختر للآخرين ولا تجعل الآخرين يختارون لك، ترى.. لماذا؟؟

- دقق في الأشياء التي تحسبها صغيرة، غير هامة.

- شارك الآخرين في الإنجازات والإيجابيات التي حققتها.

- ابق هادئاً وكن لطيفاً.

- حاول أن تنمي خيالك، وتصورك.

- قم بإشاعة التفاؤل في حياتك، وحياة محيطك، إنه قوة تتضاعف.

هل يفقد الإنسان ذاته؟

يقال أحياناً، ماذا سأستفيد فيما لو كسبت العالم وخسرت نفسي۔ ونسمع أحياناً أن فلاناً يغرق حتى أذنيه في عالم المال ودنيا النقود، ولم يترك لحاله وقتاً للاسترخاء أو الراحة.

يا للخسارة، مات شاباً بجلطة مفاجئة:

ثم إننا نرى تنافساً أو (إن جاز التعبير) تناحراً على دنيا المال والدراهم، ثم نقرأ عـن حـالات انتحار، لأمثالهم، ثم لا نتعظ، أو لا نأخذ من ذلك تجربة، أو درساً، ثم ننسى فنجد أنفسنا يقرأ عنـا، فـي صحف الحياة المنتشرة، بأن فقدنا أنفسنا كما

فقدها السابقون ترى....... ما الفائدة!!! لقد كسبنا كل شيء إلا ذاتنا إنها أعظم خسارة.

نعم، أبعد ذاتك عن موقعك حتى إذا فقدت موقعك، لا تفقد ذاتك معه.

نعم، حلق في عالم التجارة، والعمل، حيثما تشاء لكن انتبه جيداً لنفسك، لـذاتك، لحياتك، اجعل فيها وقتاً للراحة، للهدوء، للاسترخاء، اجعل، منها معنى.

ما وراء المعنى:

يقول فرانكل (Frakl): "إن الإنسان يستطيع أن يحـتفظ ببقيـة مـن الحريـة الروحيـة ومـن الاستقلال العقلي حتى وهو في معسكرات الاعتقال ضمن ظروف قاسية، ثم يوضح بـأن الإنسان أيضاً يستطيع أن يحتفظ بكرامته الإنسانية في ظروف أصعب، ويصف ذلك بالحرية الروحانية التي لا يمكن انتزاعها والتي تجعل للحياة معنى وهدفاً.

إن الألم والمعاناة أحياناً هما المعنى الحقيقي للحياة، والألم كـالموت جـزء لا يمكن تجنبه في الحياة، ومن غير الموت والألم فإن الحياة لا يمكن لها أن تكتمل.

إن سبب استمرارية الحياة هو أمل المستقبل، وبـدون الإيمـان بالمستقبل فإن الإنسـان قـد يستسلم، ولم يعد راغباً في الحياة، فالهدف المستقبلي هو أمل الحياة وإحساسها ومعناها.

إن حرية الإنسان ليست دائمـاً التحرر من شيء ما، لكنها الحرية إلى شيء مـا، ونحـو شيء مـا، فالفرد منا مسؤول أمام نفسه، وأمام ضميره، وأمام خالقه.

إن عصرنا الحالي، قد يسميه البعض عصر القلق، عصر التوترات وخلاله تصبح قيـادة سـفينة الروح، أو النفس، صعبة وشاقة.

إن الخوف من الموت، والتعلق بالحياة، قد يقابله، الخوف من الحياة، وحب الموت.

إن المتعة لوحدها، إن كانت هي المقصودة بالحياة، فإن هذه الحياة لـن تـوفر إلا القليل منها، خاصة وأن المشاعر والأحاسيس غير السعيدة وغير السارة قد تفوق في عددها السار منها في عالم الواقع.

إن مسؤولية الفرد هي في تحقيق قيمة وقيم مجتمعـة في الحياة وأن يـرى في حياتـه أقصى درجة من المعنى، فمواجهة مشكلات الحياة وآلامها تبعد عن الحياة الرتابة والفتور والملل والفراغ، ثـم تبعث على النشاط والنمو والتطور، إن العمل والإنتاج لا يكون لهدف قريب فارغ المعنى كالحصـول على المال، لكن الأهم هو أن يكون العمل نابعاً مـن المسـؤولية تجاه الحياة، تجاه التفرد والتميـز والإبداع، تجاه نوعية الأسلوب الذي ينجز به العمل وما يمثله مـن قيم تجـاه الـنفس وتجـاه الآخرين وتجاه العالم.

أما الحب، فمن خلاله يتم فهم المحبوب بأفضل خصائصه ككائن فريد متميـز، ومـن خـلال ذلك ينعكس هذا السحر على العالم وعـلى قيم الفرد ذاتـه، ومنـه قد تعط حياتك معنى، والحب الصادق يظل صادقاً إلى الأبد فهو في ارتقائه بعيد عن حب الجسد أو الشهوة، إنه أبعد من ذلك بكثير، إنه حب الروح، ولا شيء غيرها.

إنك تستطيع أن تعط نفسـك مسـاحة كبـيرة مـن الحرية، مسـاحة كبـيرة مـن الحياة، مـن التفكير، من الأمل.

تستطيع أن تكون قريباً من شذى الأزهار، الروحية، لكن دون أحلام يقظة، أو سرحان خادع، تستطيع أن تشعل شمعة، بدلاً من أن تلعن الظلام.

الإنسان وإرادته:

الإنسان ليس مادة صلبة مسكوبة في شكل محدد، لا مرونـة فيـه أو إن عالجتـه بقليـل مـن الحركة، فقد ينكسر، (الإنسان، مخلوق، عاقل) أوجده اللـه عز وجل لحكمة.

إنه ذو إرادة، وهو ليس جزءاً من الطبيعة على شاكلة جمادها أو أشجارها، إنه يعي ما يدور حوله، ويعي نفسه، ويعي تصرفاته وسلوكاته، قادر على صنعها، له ما يشاء من حريـة الاختيـار، ضـمن خيارات لا محدودة، تتساوى مع قدراته واستعداداته.

لا تجعل الماضي مسماراً يجرحك كل يوم:

العودة إلى الماضي، وإعادة الحياة إليه كل يوم، بل وأحياناً كل ساعة، هذا الأمر، أشبه بمسمار يبدأ الوخز المستمر للجروح الدامية النازفة التي لن تجف طالما أن هناك من يعيـد نبشـها كـل سـاعة، وفي كل حين.

كيف لها أن تلتئم وهذا المسمار هو صنيعتك، هو وعيـك الحـاضر بالماضـي الـذي تراه الآن، تتعهده بالرعاية، فتعيد إليه الحياة من جديد، كي تبدأ جروحك بالنزف وهكذا دواليك.

إن الماضي قد انتهى، انتهى إلى حيث لا عودة، ولا مجال لإعادته، أو إعادة أحداثـه، أو عمـل شيء لتحسينه، فهو مفقود وأنت تجعل منه مولود، حاول أن تضع الماضي داخل بـرواز أو إطار جديـد حاول أن تراه داخل أصيص لأزهار، اجعل لكل زهرة لوناً.

اجعل لكل خبرة زهرة، اجعل لكل ألم ورقة في زهرة، حاول أن ترى فيه أزهاراً وخبرة قد أفادتك كثيراً، خبرة حلوة كلون أزهار الأصيص الذي تنظر إليه، إنها جميلة جداً ساحرة، عذبة.

حاول أن تراه، أي الماضي، في لوحة جدارية، فيها التلال والأشجار، والمياه، والحياة، فهذه عصافير ترفرف بزهو ولا أروع على أزهار الطبيعة التي هي ولا أجمل، إنك هنا تخرج هذا الماضي من داخلك، من أعماقك، فلم يعد الماضي يجرحك بمسماره وأركانه، فقد أصبح خارجك، تراه، ولم تعد تشعر بآلامه، تبصره خارجاً كشيء خارجي يمكن وصفه ولمسه ورؤيته بدلاً من أن يكون داخلياً جارحاً قاتلاً.

سيطر على الماضي ثم قم بإسدال الستارة على البرواز أو الأصيص الذي أصبح شيئاً خارجياً.

تحكم به، بدلاً من أن تعطيه فرصة النماء داخلك، انظر إلى هذا الداخل، ألا ترى الزّحام، ألا ترى أن المكان لا يتسع لكل الماضي، ألا ترى أن هذه اللحظات التي تعيشها الآن هي بعد مرورها ستكون الماضي، هيّا تأمل كم هو داخلك ضيق مكتظ، وكم هو الماضي متسع، ممتد، لا منهي.

الإنسان ودوافعه:

إن الدوافع عند الإنسان، يمكن تقسيمها إلى ثلاثة أقسام:

- **الدوافع البيولوجية:** وهي الدوافع الضرورية لبقاء الإنسان ككائن حي بيولوجي مثل الجوع والعطش والإخراج...الخ).

- **الدوافع الانفعالية (العاطفية):** مثل دوافع الخوف والفزع والغضب والثورة والحب والكراهية والفرح والاشمئزاز، وهي ترتبط بالبيئة الخارجية للفرد سواء أكانت مادية أو معنوية.

- **الدوافع المشتقة من القيمة والميل والاتجاه**: وهي التي تكون قد نمت عند الفرد من خلال احتكاكه بالجماعة، وهي تعمل كدوافع ومولدات للسلوك البشري، وهنا أيضاً يمكن أن نرى القيم والميول والاتجاهات مختلفة عن الدوافع حيث أن الخبرة المتكررة، وموقف الفرد تجاه إحدى القيم أو المعايير السائدة في البيئة الخارجية الاجتماعية، هي ما يشكل لديه طاقات جديدة من نوع جديد لا فطري، بعضاً منها يعمل بطريقة لا عقلانية أو غير منطقية في حياة الفرد ومن المحتمل والممكن أن تحيل حياته إلى شؤم وكره ونفور من جماعة ما، والعيش أو التعايش معها.

إن ما هو مكتسب بفعل الجماعة، والاختلاط بالمجتمع وبالآخرين كالاتجاهات مثلاً، يمكن أن ينتبه إليه الفرد، ويبدأ بمحاكمته ضمن منطلق العقل والوعي، يستطيع الفرد أن يرى سلوكه داخلياً قبل أن يراه خارجياً وممارسة عملية.

يستطيع الفرد أن يضبط إخراج هذا السلوك بحيث لم يعد سلوكاً قهرياً إلى سلوك مهذب ضمن معايير ورؤى منظمة هندسها الفرد داخل ذاته ووعي إليها بواعثها وحوافزها ودوافعها.

يستطيع الفرد أن لا يكون آلة في مصنع أحداث مجتمعة ويمكن له أن لا يكون غارقاً مستسلماً لدوافعه البيولوجية تحركه كما تشاء وتسير به إلى أي جهة، تريد.

هل واجهتك مشكلة؟؟

من منا لم يتعرض لمشكلة ما!!

من منا لم ينام ليله الطويل!! يتقلب ذات اليمين، وذات الشمال!! ثم يضرب أخماساً بأسداس!!

من منا لم يلجأ إلى الأب أو الأم أو المعلم أو الصديق يطرح عليه مشكلته، باحثاً عـن حلـول، أو مساعدة أو حتى مشاركة عاطفية!

نبدأ بتجريب الحلول التي نتوقف عندها، سواء أكانت حلولاً ذاتية أو حلـولاً مـن الآخـرين، وفي بعض الأحيان تنجح هذه الحلول، وأحياناً أخرى لا تنجح.

هل فكرت لماذا يفشل الفرد في حل بعض مشكلاته أحياناً!!؟ ما الـذي يـدور بـداخل الفـرد، وهو يبحث عن حلول لمشكلاته؟ ما الذي يفكر فيه؟ ما الذي يعمله؟

أسلوب التفكير:

إن الموضوع الأساسي لحل مشكلات الفرد يرتبط أساساً بأسـلوب التفكيـر الـذي يسـتخدمه، حيث أن هذا الأسلوب يتضمن أساليب الفرد ومعلوماته ومعارفه وخبراته والتي يقوم بتوظيفها باحثاً عن حلول قد تريحه وتخلصه من مشكلاته، وهنا يتفاوت الأفراد في قدراتهم ومهاراتهم لحل المشكلات التي تعترضهم، بالإضافة إلى تفاوتهم بالأساليب العلمية والقدرة على فهم المشكلة وعواملهم المختلفة.

كيف يتعلم الفرد أساليب حل المشكلات؟

يتعلم الفرد خلال حياته طرق حل المشكلات من خلال ما يلاحظه من الآخرين من سلوكات وتصرفات وهم يحاولون وضع حلول لمشكلاتهم، وهذا يكون من خلال أسرة الفرد، والمدرسة، والمنـاهج التي يتعلمها، وعند ممارسته للألعاب مع أقرانه أو من خلال طلبه للإرشاد.

وتتطور خبرات الفرد ومهارته مع زيادة ما يتعرض له في حياته من تحديات يحاول التغلـب عليها، ثم يحاول الفرد الاستفادة من نجاحه في بعض الحلول ويستفيد كذلك من تقييمه لما قام به من ممارسات وهو يتلمس طريقة في وضع الحلول لمشكلاته.

ما هي المشكلات؟

إن المشكلات باختصار: "هي جميع المواقف التي تتطلب من الفرد أن يواجهها ويقوم بالعمل على حلها، وهذه المواقف ناتجة عن طبيعة الحياة، في المدرسة، في الشارع، في المعمل، وفي المنزل والمعهد، والجامعة، وفي كل مواقف الحياة يحتاج الفرد إلى مواجهة مشكلاته المختلفة ليستطيع التكيف والتفاعل والنجاح".

بالطبع يشعر الفرد بالضيق والمعاناة والقلق والحيرة، عندما يحاول مواجهة العوائق التي تقف أمام تحقيقه لأهدافه، والمشكلات قد تكون اجتماعية وتربوية، وعلمية، وفكرية... الخ.

مراحل تعلم الفرد لحل المشكلات:

قد يكون مبدأ حل المشكلات: عملية التوازن بين صراعات غرائز الفرد وما بين قيمه العليا التي اكتسبها من المجتمع من حوله، وبالتالي فإن الفرد يحاول هنا خفض توتره الناتج عن مشكلاته.

ثم إن الفرد يستمر بالتطور والنمو طوال حياته، ويكتسب مهارات ومعرفة تساعده على مواجهة مشكلاته المختلفة.

ثم إن الفرد يحصل على تعزيز قد يكون ذاتياً عندما يقوم بإيجاد الحلول المناسبة للمشكلات التي تعترضه وهذه تكسب استجاباته المناسبة ديمومة فهو يتصرف بطريقة مشابهة فيما لو تعرض لمثل تلك المشكلات أو ما شابهها.

ثم إن الفرد قد يتعلم من الآخرين، يقلد حلولهم الناجحة ويطور فهو، فيها يشاهد الآخرين، يشاهد القصص التلفازية، يقرأ مشكلات الآخرين، ثم يقوم بتطويرها لديه، منوعاً في أساليبه الجديدة.

أهمية استخدام أسلوب حل المشكلات في التعليم:

- يتعلم الكبار والأطفال العمل الجماعي.
- ينمي الثقة عند الأطفال بأنفسهم، ويطور تفاعلاتهم البينية.
- يكسب الأفراد مهارات معرفية عديدة ومتنوعة وزيادة اهتمامهم بمعرفة الحقائق.
- يزيد دافعية الأفراد للعمل والنشاط والفهم.
- ينمي عند الأطفال الإدراك بأهمية الحياة.
- يساعد الأفراد في تطبيق ما تعلموه على مواقف جديدة.
- إن تعليم الأطفال والأفراد أسلوب حل المشكلات سوف ينمي القدرات والأبنية المعرفية الذهنية لديهم، مما يساعد على تطوير وزيادة التعليم لديهم، كما أن الأفراد في مختلف المواقف والمواقع سوف يطورون معرفتهم وقدراتهم لحل المشكلات المختلفة.

إن حل المشكلة هو النشاط الذهني المعرفي الذي يتم فيه تنظيم التمثيل المعرفي للخبرات السابقة والتي تشمل مكونات المشكلة وتنظيمها للوصول إلى الهدف.

تجزئة المشكلة:

يمكن للفرد من أن يقوم بتجزئة المشكلة وتقسيمها إلى أجزاء صغيرة أي إلى مشكلات أصغر، ويفكر بحلول للأجزاء ثم يعيد تركيب هذه الأجزاء، متفحصاً ما توصل إليه.

صياغة المشكلات:

إن صياغة المشكلة بعبارة محددة، قد تسهل مهمة تناولها، ووصفها، ثم يبدأ الفرد بالبحث في ذاكرته عن مفاهيم عقلية لها علاقة بالمشكلة من شأنها أن تكسبه القـدرة علـى تعريـف المشـكلة وفهمها ضمن ما يحيط بها من عوامل.

خطوات حل المشكلات:

1. الإحساس بالمشكلة، هي نقطة البداية في محاولة التصدي لها ولحلها.
2. تحديد المشكلة من خلال صياغتها بعبارة محددة ومفهومة، هـذا يوجـه الفـرد نحـو الطريـق الصحيح لحلها.
3. وضع الحلول المقترحة لحل هذه المشكلة، وذلك بالاعتماد على المعلومات المتوفرة لديه.
4. اختبار الفرضيات والحلول الممكنة لمشكلاته، والتوصل إلى الحل المناسب للمشكلة.

كيفية تقييم ذاتك؟

هل تؤمن بالتقييم الذاتي؟ كيف تقيّم ذاتك؟؟

في الواقع إن الفرد يبدأ بتقييم أفعاله وأفكاره ومشاعره وتصرفاته، ثـم يحـدد مـا إذا كانـت جيدة فعالة، أو سيئة غير فعالة!

هنا سأبدأ بطرح الأسئلة التالية:

● كيف تقييم أفكارك؟ ما هي المعايير التي تستند إليها؟ هل أنت موضوعي؟ كيـف؟ ثـم كيـف تقيم أفعالك ومشاعرك... وتصرفاتك؟ هل لديك معايير واضحة؟ هل تـؤمن بـالتقييم والقيـاس الذاتي؟

- هل تقول لنفسك مثلاً أنا شخص صالح وذو قيمة لأن الناس يحبوني؟ أو أن قيمتي ناتجة لأن هناك نخبة من الناس تحبني.

- هل تقيّم ذاتك بمعيار الإنجازات الجيدة؟ هنا مثلاً لديك إنجازات جيدة؟؟ لنفرض أنه ليس لديك أعمال وإنجازات جيدة في حياتك ورصيدك الذاتي منها صفراً، هنا هل أنت فرد غير ذي قيمة وشأن؟

- هل تشعر بأنك شخص مسؤول عما تفعله؟ عما تقوله؟ عما تشعر به؟

تأمل هذه الأقوال:

- أنا شخص صالح لأنني بشر غير معصوم عن الخطأ، وغير كامل.

- أنا شخص صالح لأن الله سبحانه وتعالى يحبني.

بالطبع هنا ستشعر بأنك إنسان، غير معصوم عن الخطأ، غير كامل، تتشابه مع الآخرين، فلا تشعر بالدونية، أو الانهزامية، ستشعر أن الله سبحانه وتعالى موجود ويحبك دوماً.

بينما لو قمت بتقييم ذاتك بناء على الإنجازات غير الموجودة أصلاً في رصيدك الذاتي، هنا ستشعر بالاضطراب وأن الآخرين لديهم إنجازاتهم، وعندها ستصاب بخيبة أمل وتقوقع على الذات، وأن الحياة بلا معنى، وغيرها من المشاعر السلبية المتلاطمة.

هل تخاف الفشل؟

هل تخشى أن تجرب أموراً جديدة في حياتك؟

هل تشعر بالخوف من المبادرة والمحاولة الجديدة؟ بالطبع إن كان لديك مثل هذه المشاعر، هذا يدل على وجود صورة منخفضة ومتدنية للذات الشخصية

لديك، ممكن تشبيه هذه الحالة، كما لو كنت ترتدي قميصاً مكتوباً عليه **"أنا أكره نفسي"**.

إن الخوف من الإخفاق يقترن بشكل عام مع صورة مشوهة ومنخفضة ذاتية منخفضة لـدى الفرد عن ذاته.

- حاول أن تنظر إلى ما تراه إخفاقاً على أنه أخطاء يمكن الاستفادة منها، يمكن التعلم منها.

- أوجد اللياقة والقدرة والرغبة في التجريب والمحاولة لديك.

ستشعر بالنجاح، لأنك بدأت لا تخاف من الفشل، لا تخاف من المحاولة، لا تخشى التجريب.

ومن هنا وستتعلم عندها ما لا ينبغي القيام به أو ما ينبغي القيام به مثلاً.

هل تقيم نفسك بمن تعرف وبما تلبس؟

هل تشعر بقيمتك من خلال علاقتك ومعرفتك بأشخاص ذوي شأن، (مدير عام، مدير البنك، قادة المجتمع؟) مثلاً؟؟

هل تشعر بقيمتك من ارتداء الملابس النفيسة والتي تحمـل شـعار المـاركـات العالميـة أو مـا شابه؟

وهل تنظر إلى الآخرين بازدراء كونهم لا يعرفون الآخرين الذين تعرفهم؟

هل تحكم على نفسك من خلال ذلك؟

إن الرغبة، إن وجدت عند الفرد ليقيّم نفسه من خلال مـا يعـرف مـن الأشـخاص وأعـلام في المجتمع، وبما يلبس، وبمقدار المال الذي يحصل عليه، وأنواع

العطور التي يستخدمها، هذه الرغبة وهذا الميل الشديد لتقييم الذات من خلال هذه المعايير بحاجة إلى إعادة حسابات وجدولة ديون ثقيلة الأعباء، لأن الفرد هنا يقول للآخرين رسائل مفادها:

- أنا شخص دون الآخرين، وما يعطيني القيمة هو معرفتي بفلان.

- أنا شخص عديم الأهمية، ما يعطيني القيمة هو الشعار والماركة العالمية التي أرتدي ملابسها، أو أستعمل عطورها، فأنا أنتمي إلى الطبقة الاجتماعية العليا.

إن مثل هذه الأمور ليس لها أدنى صلة بقيم الفرد الشخصية التي يجب أن تكون موجهة لجوهر الفرد وذاته وليس لما يضيفه على هذه الذات من قيمة خارجية ليست إلا قشوراً وديكوراً.

لا تحاول أن تخفض من شأنك لأنك لا ترتدي من أحدث الموديلات المحلية والعالمية، أو لأنك لا تذهب إلى المدرسة ذات الأقساط الفوق سحابية، أو لأنك لا تعرف فلاناً أو علنتاناً.

إن حاولت إظهار ما لديك من حاجات ثمينة، أنظر لهذه الحاجات من قبيل الترف واللهو والغنى، لكن ليس على أنك الأفضل من الآخرين، وليس لأنك متفوق على الآخرين، وإن هذه الممتلكات لا تجعل منك الأفضل، وإننا ننظر لهذا الأمر على أنه نجاح، يمكن إضافته إلى رصيد حياتك.

روح نفسك ساعة:

قال الإمام علي بن أبي طالب: (روح عن نفسك ساعة فإنها إن ملت كلّت، وإن كلّت عميت).

- **عليك بالاسترخاء:**

حيث أن عمليات الاسترخاء تفيد في التقليل من الإحساس بالتعب والتوتر، وعندما تترك أعضاء جسمك دون حركة لفترة زمنية، تشعر براحة جسمية أولاً، ثم تدريجياً تتحول إلى راحة نفسية، وعقلية، كذلك.

- **عليك بتقوى الله:**

فيها الملاذ الأكبر، يقيك قسوة الداخل، وصلابة الإحساس، ويمنحك العفو والمسامحة والمصداقية الذاتية الفردية، ويشعرك بامتلاء وإشباع المشاعر الروحية لديك.

- **الحب، والزواج:**

إن الحب هو نقيض الكراهية حيث أن الكراهية هي إحدى مولدات العنف في النفس البشرية، هنا عليك أن تنظر إلى الحب بمنظار إيجابي بنائي تكاملي فيه الاستقرار والسعادة، ومن خلاله تبتعد عن الحقد والكراهية والتطرف، وما ينتج عن كبت مشاعرك العاطفية تجاه الآخرين، وخاصة زوجتك ثم أولادك وأصدقاؤك.

- **ممارسة الهوايات:**

الهوايات والأنشطة الترويحية كثيرة، لا حصر لها، وكل فرد يختار منها ما يناسبه وما يلائمه وما يمكن أن يوفره أو يتوافر لديه، على أن يكون اختيار الهوايات التي توفر الراحة للعقل والنفس والجسم كالسباحة، والرياضة، والمطالعة والكشافة، والأنشطة الاجتماعية المتنوعة، وتربية الحيوانات والطيور المنزلية، وخلق الاهتمامات التي تنمي لدى الفرد حب الآخرين والحياة، وبتر روح العداء والتذمر وضيق الصدر.

العالم المعقول الذي نعيش فيه:

- إن الظروف المادية يمكن تحسينها باستمرار.

- يفضل تطبيق المنهج العلمي على الاعتماد على الصدفة والغيبية.

- الأشياء التي يمكن شراؤها بالنقود لا تكون لها قيمة في ذاتها بقدر ما تعبر عن قدرات عند الشخص وخاصة المادية منها.

- إن البيئة تتسم بالتغير المستمر من شأنها أن تخلق لدى الأفراد شعوراً بالقلق وعدم الاطمئنان إلى الحاضر وكذلك المستقبل.

- في هذا العصر يتطلب من الفرد إعطاء أهمية للاعتماد على الذات وتقدير العمل وذلك بهدف الحصول على دور وفاعلية واكتساب هوية ناجحة.

- يمكن للفرد أن يصبح أكثر فاعلية، وأن ينمو نمواً إيجابياً من خلال اكتسابه أساليب أكثر فاعلية تعمل على تحقيق أهدافه في الحياة.

كانت تلك بعض المسلمات التي يمكن للفرد أن يبني عليها، بالإضافة إلى إيمانه بمعقولية العالم الذي نعيش فيه، على أن يتخذ نظرة إيجابية تجاه العالم المحيط وتجاه الآخرين ممن هم حوله.

خلاصة:

مع نهاية هذا الفصل، وبعد دراسته بعمق ومحاولة وضع الأفكار الواردة فيه أو بعضها في حيز التطبيق والتنفيذ من قبل القارئ الكريم، أعتقد بأنه سوف يشعر بحياة من نوع جديد بدأ يعيشها ويراها بداخله وخارجه أيضاً.

نعم.... تستطيع أن تسقط ما بنفسك على العالم الخارجي، وتعط ما تشاء من تفاسير، ومعالم وإدراكات بعضها مشرقاً وبعضها مظلماً رغم أن هذا

العالم الخارجي هو محايداً بطبعه، فأنت تماماً ما تستقبل ارتداد هذا المعنى، إلى داخلك وأنت بأفكارك تلك، تنسج عاطفتك، ومن خلال هذه العاطفة، تبدأ بالمعاناة، أو التوتر، أو الحزن، أو الابتهاج والسرور.

التعامل مع الآخرين

كيف تحصل على التعاون مع الآخرين؟

- إن أردت أن يساعدك الآخرين، ويهبون لمساعدتك، فعليك أن تطلب منهم الـرأي كـما تطلـب منهم التقدم بسواعدهم للمساعدة.

مثال: هل لك يا جاري أن تسمع إلي، فأنا لـدي مشـكلة كـما يبـدو في تقليب أرض حديقـة المنزل، ولا أملك مهارة إعداد الأراضي بصورة جيدة، هل لديك يا جاري أفكار ممكنـة بـأن تسـاعدني في هذا الأمر؟

- اعمل على إشعار الطرف الآخر أن مشكلتك هي مشكلته هو الآخر.

مثال: إحاطة الآخرين العاملين مع الفرد بأن المشكلة هي مشكلتهم، وأن عليهم أن يخرجـوا بالأفكار والآراء النابعة منهم لبحث وحل هذه المشكلة.

- عندما تطلب من أحدهم جميلاً أو معروفاً، اجعل منه عضواً ضمن فريقك، فلا تقل لـه مـثلاً اكتب كلمة طيبة في حقي، بل تقول له مثلاً: لو كنـت مكاني وأردت أن تحصل على اهتمام متعاطف مع وجهة نظرك، كيف لك أن تتصرف؟

مثال: يمكن للفرد أن يندهش للإنجاز الذي يمكن أن يتحقق عندما تشترك العائلة بأكملها في إدارة شؤون الأسرة والمنزل، حتى الأمور المستحيلة يمكن تسويتها بطريقة مرضية، ثم إن الأسرة سـوف تنسجم مع بعضها البعض بصورة أكثر وأفضل، ويشعر الأفراد بالسعادة.

إن أسلوب جلسات التخطيط للأسرة، يعد أسلوباً ناجحاً يمكن تعميمه على الشركة أو العمـل أيضاً.

- تعلم سر السحر الكامن وراء طلب النصيحة من الغير.

إن الأمر يتوقف هنا على سبب الطلب، فلا تطلب النصيحة من الآخرين، إذا كان هدفك هو تعاطفهم معك أو حصولك على شفقتهم، عليك أن تطلب النصيحة من الطرف الآخر، وأنت قاصد ذلك فعلاً، وهنا سوف تحصل على اقتراحات جيدة، بالإضافة إلى إشعار الطرف الآخر بالزهو والإعجاب بأن الآخرين مهتمين برأيه ومشورته.

هل يمكنك نقد الآخرين دون إحراجهم؟

إن الطريقة التي تحاول بها زيادة إحساسنا بأنفسنا عن طريق الحط من اعتزاز الطرف الآخر بذاته واحترامه لها هي طريقة غير سوية للوصول إلى المكانة التي نطمح إليها، فالبعض يتصيد أخطاء الغير، ويقلل من شأنهم، هادفاً من ذلك الاعتزاز الهابط بالنفس أو الاحترام منخفض الدرجة لها أي يريد أن يبحث عن موضعه من خلال ازدراء الآخرين وتحقيرهم من وجهة نظره غير السوية طبعاً.

وكما يقال: لا بد أن تكون قليل الشأن حتى تقلل من شأن الآخرين.

قواعد النقد الناجح:

- ينبغي للنقد أن يتم في سرية مطلقة.

– على أن يكون النقد غير موجه إلى ذات الشخص.

– عدم التقليل من ذات الشخص (إن البعوضة تدمي مقلة الأسد).

– أن يسفر هذا النقد عن تقديم نتائج إيجابية للطرفين بالتساوي (كلنا أبناء تسع...).

- قدم لنقدك بكلمة رقيقة أو ثناء لطيف.

– أن الثناء والمديح يفتحان عقل الطرف الآخر للتقبل.

- قم بنقد التصرف وليس الشخص، أي جعل النقد غير شخصي.

– التركيز على السلوك وليس على الشخص نفسه.

– عليك هنا أن ترفع من ذاته ونفسه أيضاً.

- عليك أن تخبر الطرف الآخر بالكيفية التي يمكن بها من تصحيح خطأه أي أن تقدم له الإجابة.

– التركيز على طرق تصحيح الخطأ.

– تحديد ما تريد بشكل واضح (التصحيح للسلوك).

- لا تطلب العون من الآخرين بطريقة الأمر.

مثال: هل يمكنك أن تقوم بعمل هذه التصحيحات؟

- انتقد الخطأ الواحد مرة واحدة فقط.

– إن لفت النظر لأكثر من مرة قد يفهم على أنه تنكيد.

– عليك أن تتذكر الغرض من النقد وهو ضمان العمل والأداء الجديدين وليس الفوز في معركة للذات مع الآخرين.

- اختم النقد بطريقة وديّة.

– إذا لم تنتهي القضية بطريقة وديّة فإنها لن تنتهي أبداً.

— لا تترك الأمور معلقة، احسمها وادفنها كما يقال.

— قم بالتربيت على ظهر الآخر عن نهاية اللقاء، أو الحديث.

ابتسم من الأعماق:

التنفس من الأعماق، الابتسامة من الأعماق، الضحك من الأعماق، كلها أرصدة مجانية، **رصيدها لدينا بلا حدود، ونحن المدخرين لها في بنوك ذواتنا وأنفسنا بلا فائدة**، بلا تشغيل، علماً بأن لها قوة شرائية هائلة إن جاز القول، ترى كيف ذلك؟؟

● الابتسامة تصنع الأصدقاء.

● تعلم أن تبتسم في داخلك، كي تشعر بالسرور.

● اسمح للابتسامة أن تنطلق دائماً.

● سوف تشعر بالارتياح تجاه العالم، وتجاه ذاتك.

● للابتسامة قوة بناء علاقات اجتماعية وتجارية ناجحة قد تفوق الأحاديث الجافة المطولة واللقاءات المبرمجة في جو جاف قاحل.

● الابتسامة تأسر القلوب، وتفعل كما السحر في جليد الحياة.

● الابتسامة رصيد.. حاول أن تستثمره باستمرار.

إن الفرد هو ما يفكر فيه طوال النهار:

هذه ثمان كلمات، قد قرأتها لتوك، هل فكرت بها، وما ترمي إليه؟؟

هنا عليك أن تعلم ما يلي: (إن الفرد هو ما يفكر به طوال النهار).

- إن حياتنا هي ما تصنعه أفكارنا.
- إذا فكرت بأشياء سعيدة، عندها ستكون سعيداً.
- والعكس صحيحاً. أنت ما تفكر به، وليس أنت ما تعتقده، أو تظنه.
- لا تسمح للهزيمة أن تهزمك.
- الاتجاه العقلي (الأفكار، المعتقدات، الحديث الذاتي) له تأثير قوي جداً حتى على قوانا الجسدية.
- إن هدوء البال والسعادة قد لا تعتمد كثيراً على مكان وجود أو مكانته.

أو لما يملك من المال أو من يكون، على قدر اعتمادها الكبير على اتجاهه العقلي وبما يفكر فيه؟... ومن هنا، فأنت (ما تفكر به).

هل يمكن أن تطور نمط تفكير سعيد في حياتك؟

- قل لنفسك: سأكون سعيداً في هذا اليوم.
- قل لنفسك: سأعتني اليوم بجسدي، سأقوم بالتمارين، سأعتني به وأغذيه، ولن أسيء معاملته.
- قل لنفسك: سأتعلم شيئاً نافعاً، لن أكون تائهاً فكرياً، سأقرأ شيئاً يحتاج إلى الجهد والتركيز والتفكير.
- قل: سأحاول اليوم أن أعيش يومي فقط، لن أتطرق إلى مشكلاتي أبداً.
- قل: سأضع برنامجاً اليوم، سأكتب ما أتوقع فعله في كل ساعة، أنا سعيد، أنا منظم.

- قل: سأحاول اليوم أن أكيّف نفسي مع الواقع، قل إن كنت متزوجاً سأتعامل مع زوجتي وأولادي وعائلتي كما هي، سأتكيّف طبقاً لأوضاعهم.

- قل: سأبقى هادئاً ساعة اليوم, واسترخي.

- قل: لن أكون خائفاً اليوم.

هذه بعض الجمل، بإمكانك البناء مثلها لنفسك وحسب حاجتك هل أنت تحتاج إلى الراحة، أم إلى التركيز، أم إلى الهدوء والاسترخاء.

العافية

مقدمة:

نقول لمن ينهي عملاً كان قد بدأ به، (**اللـه يعطيك العافية**).

ما هي العافية؟؟؟

إن العافية أو الصحة تعتبر هدفاً رئيساً من أهداف الفرد في المجتمع، ومن أهداف المجتمـع للفرد أيضاً، فهي حق رئيس للشعوب، ولو عرفنا الصحة بأنها تعني خلو الجسم مـن المـرض، ورغـم أن هذا التعريف قد تبـدل الآن، فيمكن لنا أن نعـرف بأنهـا "**حالـة التـوازن النسـبي لوظـائف الجسـم، والوقاية من المرض، وهي حالة السلامة والكفاية البدنية والعقلية والنفسية والاجتماعية، وهـي أكـثر من مجرد خلو الجسم أو الشخص من المرض أو العجز**".

إن العافية تعفي الإنسان مـن التطبـب والـذهاب إلى العـلاج الطبـي، وهـي مـا وراء الرضـا الذاتي، وهي أيضاً (ميتافيزيقا الابتعاد عن الملل والكسل والاغتراب)(*).

إن العافية طاقة هائلة تدفع الفرد نحو تحقيق الذات وتشعره بسعادة ورضا ومرح وتكامـل وتعاون وتشارك وتفاعل وبناء.

كيف نفهم العافية:

- من خلال العلاقات والتفاعلات السليمة التي يقوم بها الفرد عبر تفاعلاته مع الآخـرين، حيـث أن الشخص ذو الدرجة العالية والمقبولة من العافية، لديه قـدرة عـلى إقامـة وإدارة العلاقـات مع الآخرين.

(*) يقصد المؤلف: هي ما وراء الهدوء والنشوة والانشراح والتركيز ومن ثم تحقيق الذات.

- من خلال الرضا المهني والوظيفي للفرد، فيحرص على عملـه ويبـدع، ويسـهم مـع الآخـرين في رفع المستوى النوعي والكمي لما يمكن أن ينجز من أعمال.

- للعافية والشخص المعافى بعد نفسي، فهذا الشخص يحترم نفسه، يحترم الآخرين يتفاعل معهم مؤكداً لذاته، معبراً عن حقوقه، هادئاً مطمئناً.

- يمتاز كذلك بأن بعده الروحي يكون معتدلاً، فهو يفهم الحياة، ودور الإنسان في الحياة، يعط الحياة معنى، يقدر ويعي هبة الله سبحانه وتعالى له بأن أوجده إنساناً سليماً عاقلاً مفكراً.

- لديه قدرة ودراية وهـو حسـن التصرف في إدارة الأزمات التي تواجهه، خاصة وأن الحيـاة العصرية مليئة بالأزمات والمفاجئات، إن درجة تكيفه مع هذه الأزمات ناجحة، فلا يهرب مـن المواجهة السوية، ولا يكبت لا شعورياً مثل هذه المشكلات، أي لا يتعامـل مـع مشـكلاته مـن منطلق دفاعي، فلا يلجأ إلى التبرير، أو النكوص أو الكبت أو الإسقاط والتحويل.

- يمتاز صاحب الدرجة السوية من العافية بأن لديه لياقة بدنية مناسبة، يحـرص باسـتمرار عـلى ممارسة التمارين الرياضية، يحافظ على لياقته، وهيكله الخارجي، فلا يخلو برنامج حياته مـن سويعات أسبوعية لممارسـة الرياضة التـي يفضـلها، والتمـارين التـي تجـدد دورتـه الدمويـة، وتنشط جهازه الدوري، وترفع من مستوى جهازه المناعي.

- يحرص على حياة أسرية جيدة، واضحة، بحيث تكون حدود هـذه الأسرة مرنة واضحة، لهـا هويـة مسـتقلة، متعاونـة، متسـاعدة، تسـمح بـالنمو السـوي لأفرادهـا، قراراتهـا ديمقراطيـة، التواصل فيما بين أفرادها مكتمل، قوانينها تراعي الفروق الفردية بين أفرادها وتحترم من قبـل الجميع، وتسير على منهجية وفلسفة واضحة في الحياة، تساهم في بناء اتجاهات إيجابية نحو أنفسهم ونحو الآخرين.

- يحرص على أن يكون هناك وقتاً للراحة، بعيداً عن العمل، بعيداً عن أجواء الصفقات التجارية، بعيداً عن أزمات الشغل، من خلاله يمارس ما يشاء من تسلية، قراءة، سباحة، مشاهدة تلفاز، قراءة صحف...الخ.

كيف نصل إلى حدود العافية؟

- الاحترام المرتفع وتقدير الذات الإيجابي، والاعتزاز بالنفس.
- الحرص على فلسفة ومنهجية شبه ثابتة في الحياة، لكن بمرونة، وكياسة.
- الأهداف واقعية، واضحة، قابلة للتحقيق، وضمن قدرات الفرد.
- التمتع بإحساس قوي بالمسؤولية الشخصية تجاه الذات، الآخرين، العمل، الأسرة.
- التحلي بالمرح والدعابة وروح النكتة، والابتسامة.
- حمل اتجاهات نحو مساعدة الآخرين.
- بناء أساس متوازن متكامل لأسلوب الحياة الذي ينهجه الفرد.
- التعايش مع الذات ومع الآخرين، مع المجتمع، ومع العمل، ومع الرفاق، مع الأسرة والأولاد.
- التفكير الواقعي، أو الواقعية، أي النظرة للأمور بشكل واقعي، فهم دوره وأدوار الآخرين، قدراته، طموحاته، فهم الصعوبات المحتملة.
- وكما قال الشاعر:

(ما كل ما يتمنى المرء يدركه   تجري الرياح بما لا تشتهي السفن)

- القدرة على أن يُحِب وأن يُحَب (أن تكون محبوباً، وأن تحب غيرك).

- تدبر متطلبات الحياة، والسعي والجد والمثابرة والتمييز.

- فهم الجسم، حاجاته، أجهزته، وكيفية المحافظة عليه.

- بالطبع مع مراعاة الاعتدال في الممارسة، الاعتدال والتوازن في التخطيط المحافظة على العقلانية والوسطية في أخذ المواقع أمام بعض التحديات، مع الوعي بما يدور خارج وداخل الفرد.

طرق فهم العافية؟

البعض ينظر إلى العافية على أنها تحقيق الهدف في الحياة، حيث يسير بوسائل غير سوية، مرهقة، خادعة، له وللآخرين، فقط يركز على الوصول إلى الهدف، هنا هذا الشخص لن يصل إلى السعادة والاطمئنان والراحة، سيجد أمامه سراب الهدف، أو صورة غير حقيقية لما أراده.

البعض يسير باتجاه أهدافه الواقعية في الحياة، متبعاً الطرق السوية المناسبة، التي تقع ضمن معايير مجتمعة وثقافية، يستفيد من خبراته، ويطور فيها يصل إلى بعض أهدافه، ويستمر في عمله، يشعر بسعادة حقيقة، هادئة، يحترم ذاته، ويحترمه الآخرين، لا يفق ماء وجهه كما هو حال الشخص الوصولي، وهذا النوع من الأفراد هو الأقرب إلى الصحة النفسية المتكاملة.

من أنت؟

- أنت... تكون.... ما تأكله.....

- You what you eat!!!

- أنت.... تكون...... ما تلبسه....

- أنت.... تكون.... ما تفكر به....

- أنت.... تكون.... ما تشعر به....

- أنت.... تكون.... ما تتعلمه....

- أنت..... تكون... ما تريده...

- أنت.... تكون.... ما تحلم به... وما تتخيله...

- أنت... تكون.... ما تقرأه...

- أنت... تكون.... ما ترسمه....

- أنت... تكون.... ما تقوله....

- أنت.... تكون.... ما تكتبه....

- أنت.... تكون.... ما تصنعه.... أو تنتجه.... أو تعمله...

- أنت.... تكون... ما تعكسه....

- أنت.... تكون.... ما تفهمه....

- أنت.... تكون.... ما تسمعه... ما تشاهده... ما تتابعه...

إذن... هل أنت تفكر بما تأكل، بما تلبس، بما تعتقد، بما تشعر به، بما تتعلمه، بما تريده، بما تحلم به، بما تقرأه، بما ترسمه، بما تقوله، بما تكتبه، بما تنتجه، بما تعكسه، بما تفهمه؟؟؟

- هل أنت تعي نفسك.. وأنت تختار الطعام المناسب لك؟!

هل تنظر إلى مكوناته وفوائده ومحتوياته؟؟؟ أم تنظر إليه كطعم ولذّة؟ أم تختاره بناء عـلى رائحته التي تثير لعابك؟

- هل تقرأ عن فوائد الطعام؟ هل تهدف إلى صحة جسمية وراء تناوله!!!

- هل تأكل وأنت مرهق!! لا تدري كم أكلت، أو ماذا أكلت؟

هل تستطيع أن تقول لا؟ إذا ما أقسم عليك صديقك، أو أخاك على أن تأكل هـذه القطعـة بعد أن وصلت بك حدود الشبع إلى الأوج! هل تلبي رغبته وتأكل! كي تبادله الحـب الطبيخـي، بالأكـل فوق الشبعي؟؟ هذه أسئلة، تستطيع أن تطرح غيرها أيضاً عـلى نفسـك تسـتطيع أن تبحـث لهـا عـن إجابات حقيقية عندك، تستطيع أن تعرف القليل عن ذاتك من خلالها تستطيع أن تكون وتبني أسـئلة مماثلة لها عن لباسك، أفكارك، شعورك، علمك، إرادتك، أحلامك، قراءتك، رسوماتك، كتاباتك، إنتاجيتك، وعملك، فهمك للأمور...الخ.

تستطيع أن ترى نفسك... إن أردت... وإذا ما وصلت إلى الوعي، وصلت إلى حدود ومشـارف العافية، وعندها تضع قدمك على طريق العافية ومن ثم السعادة.

أنواع العافية:

أ. العافية المهنية (occupational wellness):

وتعرف من خلال الرضا الوظيفي، المتعة في العمل، الإنتاجية المميزة.

ب.   **العافية الروحية (spiritual wellness):**

وتعرف بوجود معنى وهدف للحياة عند الفرد، وتقدير الحياة والتمييز بالسلوك الديني والعبادة لله عز وجل.

ج.   **العافية الجسمية (physical wellness):**

وتعرف بالجسم السليم، والتغذية السليمة، والسلوكات الصحية الطبية السليمة.

د.   **العافية الذهنية (العقلية) (Intellectual wellness):**

وتعرف بإثارة التفكير، التحليل، التركيب، وتفعيل أنماط التفكير كالتفكير الابتكاري، والخطوات المنهجية العلمية في حل المشكلات.

هـ.   **العافية الانفعالية (Emotional wellness):**

وتعرف من خلال قدرة الفرد على تبادل المشاعر الإيجابية، ويمتاز الفرد الذي يتمتع بالعافية الانفعالية بالوعي العاطفي وقبول مشاعر الآخرين، ثم إدارة هذه الانفعالات، والتحكم المناسب بها وبالسلوكات المصاحبة لها ذات العلاقة.

و.   **عافية إدارة الوقت:**

- تنظيم الوقت، واستثماره، وتنظيم المهارات والواجبات.

- الاستفادة من الوقت، بما يعود بالمنفعة على الفرد والآخرين.

- عدم استنزاف الوقت وهدره سدى.

- العيش (هنا والآن) وليس بعيداً في المستقبل، المستقبل للذي لم يأت بعد.

- عمل برنامج للنشاطات اليومية.

تعلم أن تقول لا، أي أن تؤكد ذاتك، عندما يحاول البعض أن يستنزف وقتك، أو جهدك.

ثم عليك أن تهتم بالعافية الاجتماعية من خلال تفاعلاتك وتعاملاتك مع الآخرين، وحرصـك على التواصل المتوازن معهم.

السعادة

هل فكرت بالسعادة؟؟

الناس قد يصفون السعادة على أنها الشـعور بالرضـا والإشباع وطمأنينة الـنفس، وتحقـيق الذات، أو أنها الشعور بالابتهاج والاستمتاع، واللذة...الخ.

إن العامل المشترك فيما بين الناس لتعريفهم لمفهوم السعادة قد يكون عامل (الرضا) ترى ما هو **الرضا الشامل؟؟**

"إنه الرضا أو الشعور بالرضا عن العمل، الزواج، الصحة، القدرة الذاتية، الحياة الـتي تعـيش، ثم التفاؤل والإحساس الجيد الإيجابي، الناتج عن أحـداث الحيـاة الإيجابيـة، (كالمشـاركات الاجتماعيـة، الفوز، النجاح، التقدم، الاطمئنان....الخ).

هل يشعر الشخص السعيد بالنقط الآتية؟

- هل يفتقر إلى النوم لانشغال ذهنه؟

- هل يفقد القدرة على اتخاذ القرارات المناسبة وفي الوقت المناسب!!

- هل يعاني باستمرار؟ أي كما هو حالة الآلة المرهقة التي تعمل فوق طاقتها.

- هل يفقد القدرة على الاستمتاع؟

- هل تذهب أو ذهبت الدهشة من حياته؟

- هل يصارع ويكافح من أجل الابتعاد عن التعاسة؟

- هل يهرب من الواقع؟

- هل يصف نفسه، بعدم القيمة، وفقدان الثقة؟

إن الشخص السعيد هو غير ذلك، بالإضافة إلى أن الشخص السعيد قد تأتي عليه (سويعات)، قد يشعر بها ببعض تلك النقاط، لكنه سرعان ما يتكيف، ويتوازن، وترجح كفة الرضا عنده، ويستثمر رصيده السابق من الخبرات المبهجة والجيدة، ويحدث لديه الرضا، إنه باختصار قادر على استشعار كافة أرصدته المتوفرة، كالطاقة، والحب، والتعاون، والتفكير، والرضا.

ومن هنا فالشخص السعيد، هو ليس نقيضاً للشخص التعيس، فلا نقول أن الشخص السعيد هو الشخص الخالي من التعاسة والشقاء، والكآبة والحزن والقهر والاغتراب، فلا يمكن أن تعرف الشيء بضده هنا لأن مفهوم السعادة أولاً يختلف من ناحية إدراكه وتعريفه من شخص لآخر، ثم إن الشخص الخالي من الشقاء والكآبة...الخ).

ليس بالضرورة هو الشخص السعيد، لأن هناك الكثيرون، من وصلوا إلى عالم نفسي وبيولوجي خالي من المنغصات المذكورة، ومع ذلك لا يشعرون بالرضا، أو السعادة.

أنت مهندس سعادتك:

أنت منظم ومخطط وصانع ومصمم سعادتك، فأنت المهندس لعالمك بكل ألوانه وطيفه، فأنت من يرى الظلام ظلاماً، أو يرى النور ظلاماً، وأنت من يصف الوردة بالسحر، والنرجسية، والحلم، وأنت من يقدمها فقط للشخص المريض، ولا ينظر لها إلا من خلال تلك المجاملة فقط ثم في الوضع الطبيعي، لا يرى فيها أي جاذبية، أو عبير، أو جمال.

إنك مهندس سعادتك، تستطيع من حروف صغيرة قليلة وكلمات قليلة، أن تنسج، شعراً أو جمالاً أو وصفاً أو حكمة، أو موعظة ومن خلال تلك الحروف تمنح الآخرين سحراً، وراحة وسعادة.

ثم هل جربت أن تمنح غيرك السعادة؟

هل جربت، أن تكون مصدر إشعاع سحري للسعادة!!

حاول، ابتسم من الأعماق كن طبيعياً عفوياً، قل، أجمل ما عندك، قدم شكرك وامتنانك للآخرين، إنهم سوف يكافؤنك، بأجمل، وأروع وأحلى، مما قدمت لهم سوف يعكسون لك بمرايا نفوسهم وشعورهم وأحاسيسهم، سروراً، مربعاً ومكعباً.

هل استشعرت السعادة في الصلاة؟؟

نستشعر في الصلاة الهدوء والطمأنينة الروحية، الغبطة والإيمان وأحاسيس الروح، وهي صلة ما بين الروح التي **تتصل بخالقها**، من خلال الطهر والنقاء والاعتقاد بالطاعة لله، والإيمان والروحانية التي تتجلى في أداء الصلاة، تلاوة وذكر، دعاء ورجاء، أمن وطمأنينة، راحة، وارتقاء، إنها أحاسيس الصلاة.

ناهيك عن أجرها وثوابها، ناهيك عن أنها تبعد الأخطاء والمعاصي عن الإنسان، ناهيك عن أنها عنوان، ومعنى وصلة روحية ولا أروع، فيها الشفاء للنفس وللروح وللجسد، فيها تسمو العقول، وتتخلى عن سيطرة النزعات الجسدية، إلى ما هو أبعد وأعذب وأنقى.

ما ينطبق على الصلاة، ينطبق على سائر العبادات، والشعائر الدينية الأخرى، كالصوم، والزكاة، والحج.

إننا الآن في هذا العصر، عصر المتغيرات، والمادة والصناعة الذكية، قد ننسى أن ننظر إلى التكامل الكلي في نظرنا إلى أنفسنا (كبشر)، فنحن جسد وروح ونفس وعقل وحواس، كل من هذه بحاجة إلى إشباع، واهتمام فلم تعد الرفاهية الجسمية، أو العقلية، تعطي الإنسان الإحساس بالصحة، أو السعادة، أو المعافاة.

بعض مصادر السعادة:

- الزواج والطمأنينة والدعم والمشاركة الوجدانية.

- الأصدقاء، كونهم عامل دعم قوي للحالة المعنوية عند الفرد (تبادل رفع الروح المعنوية).

- الأبناء وإعطاء الحياة معنى وقيمة.

- الأقارب ودورهم في العون والمساعدة والمشاركة الاجتماعية والوجدانية.

- العمل والاستمتاع به.

- بناء علاقات متوازنة مع الآخرين والأصدقاء والزملاء.

- حسن الجيرة والمشاركة والتعاون والاحترام المتبادل.

- الصحة العقلية ودعم المجتمع للأفراد.

- الأمور المادية والبساطة في العيش.

- البيئة الاجتماعية والمكانية المحيطة بالفرد.

- بناء أنشطة واهتمامات وهوايات ومشاركات هادئة.

- الصحة الجسمية والخلو من الأمراض أو القدرة على التأقلم معها...الخ.

- هل فكرت بمصادر أخرى، **حاول**، إنها كثيرة، بالطبع لا أنسىـ أن أذكر هـذه العوامـل والتي تعتبر كمصادر للسعادة، هي أيضاً مصادر للتعاسة والشقاء عند الآخرين[*]، فالزواج النكد الكدر الذي لا يعرف إلا (النقد اللاذع) والمحاسبة على أقل الهفوات، كيف يمكن لنا أن نعتبره مصدر سعادة؟

---

[*] ملحوظة: الزواج الكدر: هو الزوج أو الزوجة.

- أو مثلاً أصدقاء الحسد، أو الغيرة!! أو الأقارب الذين امتلأت قلوبهم بالكراهية والمكر وافتعال المشكلات وتعكير مياه الأنفس بدلاً من العمل على جلائها وصفائها، كيف لهم أن يدعموا بناء السعادة عند الآخرين؟؟

ضع نفسك باستمرار مكان الآخرين، التمس لهم عذراً، خفف من إصدار الأحكام المطلقة عليهم، **ثم اعلم أن الشجاعة صبر ساعة**، وأن ضبط الذات مقتدر عليه، ويمكن امتصاص غضب الآخرين من خلاله وامتصاص انفعالاتهم السلبية، وتحويلها إلى انفعالات إيجابية.

لا تكن زوجاً ناقداً! كن داعماً مؤازراً، باحثاً ومشاركاً مع الآخرين، مبادراً، غير فاقد لنفسك.

لا تكن صديقاً سيء الاعتقاد، يحاسب ولا يتحاسب، يريد ولا يعط، يأخذ ولا يؤخذ منه، يفرح لنفسه ولا يريد للآخرين أن يفرحوا، لا يحب الخير للآخرين.

ويريد للآخرين أن يعشقوه ويحترموه.

ابتعد عن الأنانية والغيرة.

تمنى للآخرين ما تتمناه لنفسك.

اعمل وأنجز بكل طاقة، سوف يغنيك عملك، عن التبرير، والاقتناع بجدوى وجودك في هذا العمل، أو الشركة أو المصنع، سوف ينصفوك مستقبلاً إن لم تتصف اليوم، فلا تعمل من أجل الآخرين، (أي للحصول على أحكامهم عليك).

حاول أن يكون عملك، كالأشياء المهمة في الحياة، أعطه معنى ودوراً يستحقه في حياتك، فهو الأهم، إنه عنوانك ورسالتك في الحياة.

حقق النجاح، وأنت صاحب النجاح، وأنت من يعط النجاح معنى النجاح، وكل ما في الأمر أن تسمي النجاح الذي تريد، وليس المهم ما يسميه الآخرون أي أن تستشعر بداخلك النجاح لما حققت وأنجزت أو للهدف الذي إليه وصلت، أو للراحة والسعادة التي استشعرت وليس ما يستشعره لك الآخرون.

كيف تتفاعل مع الأصدقاء؟

- تبادل معهم الأحاديث، وتفريغ شحنات الضغط الحياتي.
- تبادل معهم النكات.
- ناقشهم في أعمالهم في اهتماماتهم.
- تناول معهم العصير، أو الوجبات.
- ابتعد عن النقد، والملامة.
- قدم المساعدة، حينما كان ممكناً.
- كن صادقاً في نصحك، إذا طلب منك ذلك.
- كن صادقاً في تبادل المشاعر والانفعالات.
- لا تنتظر معروفاً مقابل معروف، أو جميلاً مكان جميل، لا تنتظر سداد دين مجاملتك لهم، أو سداد دين زيارتك لهم، اعذرهم لو ابتعدوا عنك، قليلاً أو كثيراً، لا تملأ حقيبة حياتك بأنقاض جمائل الآخرين.

الضغوط النفسية

يبحث الإنسان باستمرار عن الأمان والاستقرار والراحة، ثم يسعى في حياته وراء تخفيض أعباء الحياة التي تزداد تعقيداً يوماً بعد يوم، والتي تسير بتسارع كبير جداً سوف يجعل من الأفراد عاجزين عن مجاراتها أو اللحاق بركبهما مهما كانت إمكاناتهم وطاقاتهم بأنواعها المختلفة.

أمام كل ذلك.. ماذا يفعل الفرد؟

سوف تزداد الضغوطات الحياتية على نفس هذا الإنسان وسوف يحاول تحملها أكثر مما يجب، سوف يحاول أن ينسجم مع صفة التغيير في هذا العصر، إن الجزء الأكبر من أنواع الضغوط بكافة أنواعها هي نتاج لهذا التقدم الهائل في الحياة وتقنيتها ومطالبها وحاجاتها، لقد نشأت نتاج الانحرافات بأنواعها وأشكالها، ثم شكلت أعباء فوق القدرات الفردية البشرية، ثم زادت الضغوطات على أجسام الأفراد وعقولهم وذواتهم فنشأت جراء ذلك الضغوطات النفسية التي تؤدي إلى الانهيار ثم إلى الوفاة فيما لو لم يتم تداركها ومعالجتها أولاً بأول.

إن الضغوط الحياتية ذات أنواع:

فهي إما أن تكون ضغوطاً اجتماعية أو اقتصادية أو سرية أو مهنية أو دراسية أو عاطفية أو عقلية وكلها تؤدي إلى تدمير الذات ونشوء الضغوط النفسية.

ما هي الضغوط النفسية؟

يتعامل الفرد مع هذه الضغوط بنوعيها الشعورية واللاشعورية من خلال محاولة التوازن ومحاولات التخفيف من شدة الضغوط كأن يطلب الدعم والمؤازرة الاجتماعية، أو أن يضبط نفسه، أو أن يضبط نفسه، أو أن يتجنب التعامل معها، أو الصراع معها في معركة خاسرة، أو الدعاء والتوجه إلى الله، أو التمني.

وقد يلجأ إلى استخدام الحيل الدفاعية كالتبرير أو النكوص والارتداد إلى الوراء أو الإسقاط، فيسقط مشكلاته على آخرين ويلقي مشكلاته عليهم أو يلجأ إلى الكبت اللاشعوري، أو التكوين العكسي... وهكذا.

إنها مجموعة المواقف الاجتماعية والتغيرات التي تعتبر هامة وخطيرة وغير سارة والتي ينجم عنها إحداث توتراً وانفعالاً يؤدي إلى الإخفاق والشعور بالفشل.

هناك مثيرات منتجة للضغوط النفسية، وهناك ردود فعل جراء ذلك مع حدوث ظواهر نفسية كالشعور بالتهديد والإحباط والفشل، إن الضغوط النفسية مفهوم يوضح درجة استجابة الفرد للأحداث أو المتغيرات البيئية في حياته (المثيرات) وهي تختلف من فرد لآخر تبعاً لتكوين شخصيته وصفاته النفسية التي يتفرد بها.

إن الضغوط النفسية عبارة عن مجموعة من الأعراض التي تتزامن في حدوثها مع تعرض الفرد ضاغطة والمهددة لذاته، ينتج عنها أيضاً الاستجابات الانفعالية الحادة والمستمرة.

تشكل الضغوط النفسية أساس بقية الضغوط الأخرى وهو العامل المشترك لكافة أنواع الضغوط سواء أكانت اجتماعية أم مادية أم مهنية أو أسرية...الخ.

مثال على ذلك:

طبيعة العمل، قد ينتج عنها الإرهاق، المتاعب الصناعية، التعب، الملل، ثم القلق النفسي، ثم عدم المقدرة على التكيّف ثم يتأثر الإنتاج الفردي، ثم تدهور صحة العامل ثم زيادة الإصابات وحوادث العمل ثم الغياب والتأخر، ثم الانقطاع أو ترك العمل.

الضغوطات الاقتصادية:

الأزمات المالية تصيب الإنسان بالتشتت في جهده وتركيزه وتستنزف تفكيره وطاقاته المختلفة، فينعكس هذا على ذاته ونفسه.

الضغوطات الأسرية:

تؤدي إلى اختلال في تكوين وبناء الأسرة ذات الأجواء التكيفية الملائمة، فتتفكك معايير الضبط عند هذه الأسرة، كما أن كثرة المجالات والانفصال بين الأزواج قد يسبب ضغوطاً نفسية.

الضغوطات الاجتماعية:

إن لم تتكيّف الأسرة مع الضغوطات الاجتماعية التي تهدف إلى التماسك الاجتماعي والتفاعل البناء وفقاً لمعايير المجتمع، خاصة وأن الخروج عن المعايير والعادات والأعراف الاجتماعية يعد مصدر تهديد للفرد.

الدراسة:

إن الطالب مطالب بأن ينجح في الدراسة، لإرضاء طموحه الشخصي ثم لإرضاء أسرته، وهذا يشكل نوعاً من الضغوط الشخصية على الفرد خلال كافة مراحله الدراسية الأساسية والثانوية والجامعية.

يتعرض الإنسان للضغوط المختلفة باستمرار، ويستطيع أن يعيد توازنه سريعاً حال انتهاء المواقف الضاغطة، ويختلف الفرد عن الآخرين في هذه القدرة على المواجهة والتحمل، إن بعض العوامل الضاغطة تشكل عبئاً شديداً على بعض الأفراد، في حين البعض الآخر يتحملها ويتصرف معها بشكل لا يترك أثراً لدى الفرد ذي شأن.

هل يمكن قياس الضغوط النفسية؟

نعم، يمكن قياس الضغوط النفسية بعدة وسائل وأدوات، كأدوات القياس النفسيـ التـي يستخدمها المختص في العلاج النفسي، مثل مقياس الضغوط النفسية.

بعض الإنذارات التي تشير إلى تزايد الضغوط النفسية عند الأفراد:

1. اضطرابات النوم.

2. اضطرابات الهضم.

3. اضطرابات التنفس.

4. خفقان القلب.

5. التوجس والقلق على أشياء لا تستدعي ذلك.

6. الاكتئاب.

7. التوتر العضلي وكذلك الشد العضلي.

8. الغضب لأتفه الأسباب.

9. التفسير الخاطئ لتصرفات الآخرين أو نواياهم.

10. الإجهاد السريع.

11. تلاحق الأمراض والتعرض للحوادث.

هذه بعض البنود والفقرات التي يمكن أن تمر في حياة الفرد والتي تضمنها مقياس الأحداث اليومية وضغوط الحياة:

1.   وفاة الزوج أو الزوجة.

2.   الطلاق.

3.   الانفصال عن الزوج أو الزوجة.

4.   حبس أو حجز أو سجن أو ما شابه ذلك.

5.   موت أحد أفراد الأسرة المقربين.

6.   الفصل عن العمل.

7.   الإصابات الخطرة، أو المرض.

8.   الزواج الجديد.

9.   تقاعد العمل.

10.   التغير في صحة الفرد وسلوكاته.

11.   الصعوبات والمشاكل الجنسية.

12.   إفلاس صاحب العمل.

13.   التغيرات المفاجئة في الوضع المالي للفرد أو لأسرته.

14.   وفاة صديق عزيز.

15.   الانتقال إلى مجال عمل جديد.

16. المشاجرات مع الزوج أو الزوجة.

17. الدخول في إجراءات مهنية غير مستقرة.

18. مشاحنات مع أهل الزوج (محيط الأسرة).

19. سفر أحد أفراد الأسرة بسبب الدراسة أو الزواج أو العمل.

20. تغيير شديد في عادات النوم أو الاستيقاظ.

21. تغيير رئيسي في معدل الأنشطة الترفيهية.

22. بدء الدراسة أو الانتهاء منها.

استجابة الفرد للضغوطات الخارجية:

أ.   قد يستجيب الفرد بشكل إرادي لبعض الضغوط الخارجية كأن يقوم مثلاً بتخفيف ملابسه عند إحساسه بالحرارة والحر.

ب.   التنبهات الهرمونية وزيادة إفرازاتها.

ج.   حالة الطوارئ الجسمية، حيث يعمل الجسم بتجهيز طاقاته ووضعها في أعلى درجات الاستعداد.

د.   العمليات المعرفية كالتفكير بمسببات الضغط، وتقييم الضغوطات التي تواجه الفرد.

ه.   استجابات سلوكية تنتج وتنشأ تحت ضغط الضغوطات النفسية، حيث يمر الفرد بثلاثة مراحل.

1. **رد فعل للأخطار**: حيث يقوم الجهاز العصبي السمبتاوي، والغدد الأدرينالينية بتعبئة أجهزة الدفاع في الجسم، حيث تزداد إنتاج الطاقة لمواجهة الحالة الطارئة لمقاومة الضغوط، وإذا ما استمر الضغوط والتوتر، انتقل الجسم إلى المرحلة التالية.

2. **المقاومة**: يتيقظ الجسم ويبدأ بالمقاومة حيث يقل أداء الأجهزة المسؤولة عن النمو، وعند الوقاية من العدوى تحت هذه الظروف، وبالتالي سيكون الجسم في حالة إعياء وضعف ليتعرض لضغوط من نوع آخر هي الأمراض، ثم في حالة الاستمرارية سينتقل إلى المرحلة الثالثة.

3. **الإعياء**: الجسم لا يستطيع الاستمرارية في المقاومة إلى حدود لا نهائية، إذ تبدأ علامات الإعياء بالظهور تدريجياً، ثم يقال إنتاج الطاقة في الجهاز العصبي السمبتاوي ويتولى الجهاز العصبي الباراسمبتاوي الأمور، حيث تتباطأ أنشطة الجسم، وقد يتوقف تماماً، وإذا ما استمرت الضغوط يصبح من الصعوبات بمكان التكييف معها، فتنشأ الاضطرابات النفسية كالاكتئاب أو الأمراض الجسمية القاتلة.

الاحتراق النفسي:

قد يسميه الاستنفاذ النفسي (Bur out) وهو انتهاء ضعف قدرات الفرد الجسمية والعقلية وهو استجابة للتوتر النفسي الناتج عن أوضاع العمل الذي يتصل مباشرة بالأفراد وهو يتكوّن من ثلاثة أبعاد:

1. الإجهاد الانفعالي.

2. تبلد الشعور والإحساس.

3. نقص الشعور بالإنجاز الإجهاد الانفعالي "فيعني استنفاذ المصادر العاطفية لدى الفرد إلى المستوى الذي يعجز به عن العطاء.

أما تبلّد الشعور فيعني حالة الفرد الذي ينشأ لديه شعور سلبي واتجاهات سلبية نحو العاملين والمحيطين بالفرد وهي حالة مرتبطة بالإجهاد الانفعالي، وانخفاض الروح المعنوية.

أما انهيار الروح المعنوية: فيعني نقصان واضمحلال الاستعداد الوجداني إلى حدود منخفضة جداً، خاصة وأن هذا الاستعداد الوجداني هو الذي يهيئ الفرد بأن يقبل على حياته وعمله بحماس، مشاطراً الآخرين اهتماماتهم وألوان أنشطتهم، وفد يحدث الصراع الذاتي لدى الفرد.

أما الصراع: فيعني وجود تضاد وتعارض بين دوافع ورغبات الفرد، مما يؤدي إلى تصارعها وتنتج التوتر الذي ينطوي على إزعاج شديد، وكبت أحد هذين الدافعين ويشعر الفرد بالإحباط.

أما الإحباط: فيعني إعاقة الفرد عن بلوغه لهدف ما، وسد الطريق أمامه للوصول إلى هدفه، سواء أكان هذا السعي شعورياً أم غير شعوري، وتطلق لفظة الإحباط على كل نوع من العراقيل التي تحول دون بلوغ الفرد لهدفه المنشود والاقتراب منه.

أما التوتر: فهو حالة من الإحساس العام باختلال التوازن على الصعيدين البيولوجي أو النفسي، يصحبها تأهب واستعداد من جانب الفرد لتغيير سلوكه بغية التصدي لعامل يتهدده في وضعية حقيقية أو متخيلة، أي نقيض الاسترخاء.

مسببات الاحتراق النفسي:

1. القيام بنوع واحد من العمل، مع قليل من التغيير، وفقدان معنى العمل.
2. الإحساس والشعور بأن الآخرين لا يقدّرون الفرد، بالإضافة إلى عدم تقديرهم لعمله وجهوده.

3. ضعف الإحساس بالإنجاز وعدم إعطاء العمل معنى وأهمية.

4. السعي نحو الكمال، والبقاء تحت ضغط قوي غير واقعي جراء ذلك.

5. العمل مع نوعية صعبة من الناس، ذوي مقاومة عالية.

6. التوتر والتضارب خلال العمل، خلال التفاعل مع الآخرين، إن كثرة المشاحنات والمنافسات قد تؤدي بالفرد إلى الاستنفاذ النفسي، (الاحتراق النفسي).

7. عوامل الثقة والاحترام في محيط العمل أو البيئة أو الأسرة، حيث انخفاض الثقة والاحترام يرفع درجة التوتر، وارتفاع التوتر حيث أن استمراريته تؤدي إلى الاستنزاف الذاتي للفرد.

8. عدم وجود فرصة للحديث من يستمعون للفرد في حياته لمثل هذه الأحاديث.

9. الطلبات غير الواقعية من المحيطين أو أصحاب العمل أو المجتمع أو الأسرة.

10. الصراعات الشخصية غير المحلولة كالصراعات الناتجة عن المرض أو الاضطهاد أو المشكلات المادية، وهكذا.

منع الاحتراق النفسي:

1. قيم أهدافك، قيم أولوياتك، توقعاتك، حاجاتك، لتعرف هل هي واقعية أو لا!!.

2. تعرف على قدراتك وعواملك الفاعلة واستثمرها في أنشطة الحياة المختلفة.

3. أوجد اهتمامات أخرى بجانب عملك، خاصة وأن العمل قد لا يشبع هذه الرغبات وهذه الحاجات.

4. فكر في طرق أحداث التغيرات والتنوع في عملك، في حياتك، في ممارستك.

5. خذ المبادرة لتبدأ مشاريع جديدة لها معان شخصية.

6. تعلم مراقبة تحديات الضغوط النفسية على وظيفتك وعملك وبيئتك.

7. اهـتم بصـحتك مـن خـلال النـوم الكـافي، الـبرامج الرياضية،الحميات الغذائيـة، الاسـترخاء والاستجمام.

8. اعمل أصدقاء آخرين خارج نطاق عملك، تتبادل معهم المنفعة.

9. تعلم كيف تسأل وتطلب ما تريد.

10. تعلم كيف تعمل لتأكيد ذاتك، معتمداً على التعزيز والضبط الذاتي.

11. أوجد معان خلال اللعب، الرحلات، أو من الخبرات الجديدة.

12. خذ الوقت الكافي لتقييم المعاني لمشاريعك، ولتقرر كيف تستثمر وقتك وطاقتك.

13. تجنب أن تحمل أعباء مفترض أن يتحملها الآخرين وهي من مسؤولياتهم.

14. حضور ورشات عمل، مشاركة في ندوات، قراءة كتب، قصص، لتكتسب نظـرة جديـدة لقضـايا سابقة.

15. رتب برنامجك الحياتي لخفض الضغوط بأنواعها.

16. تعرف على حدودك ومقدرتك، وضع لنفسك حدوداً وتعلم أن تضع حدوداً للآخرين.

17. تعلم لأن تكسب نفسك عند وجود تقصير، سامح نفسك عند عملك خطأ ما، ولا تعيش بشكل (نموذج مثالي) أي ابتعد عن المثالية والكمالية، لأن الواقع غير ذلك.

18. شكل فريق داعم من زملائك في العمل أو المصنع أو الدراسة أو الجامعة أو الجمعية، يشاركونك المشاعر والإحباطات المحتملة.

- صمم بعض الهوايات التي تجلب لك السرور والارتياح.

- أطلب المساعدة المتخصصة فيما لو احتجت لذلك.

بعض الصفات المرغوبة والتي يمكن للفرد من أن يطورها لنفسه ويتخذها في حياته:

1. أن تشعر بأن لك هوية مستقلة.

2. أن تعرف من أنت؟ وماذا تريد؟

3. أن تعرف ما يمكن أن تقوم به، وما هي قدراتك؟

4. أن تعرف ما تريده من الحياة، من العمل، ومن الآخرين؟

5. أن تعرف ما هو جوهري وأساس في عملك.

6. أن تؤسس معايير تكسب الاحترام وكذلك التقدير من الآخرين.

7. أن تقدم المساعدة للآخرين وضمن قدراتك.

8. أن تكون قادراً على طلب المساعدة أيضاً من الآخرين فيما لو احتجت إليها.

9. أن لا تتظاهر بالقوة الباطلة.

10. أن تعرف حدود قوتك الخاصة.

11. أن تتبادل المشاعر والأحاسيس مع الآخرين.

12. أن لا تقلل من قيمة الآخرين.

13. أن تستشعر الصحة النفسية الذاتية وتتفهمها.

14. أن يكون لديك استعداد للتغيير والتطور والنمو المستمر نحو الأفضل، ونحو تحقيق الذات.

15. أن تساهم في نماء وعيك وإدراكك.

16. تفهم الغموض واللبس إن وجدا في العمل أو الحياة أو من الآخرين.

17. تطوير أساليب في الحياة.

18. الشعور بالحياة وبالقدرة على الاختيار من ضمن البدائل الممكنة.

19. بناء صرح من الإحساس بالسرور والمرح وبهجة الحياة.

20. القدرة على العيش في الحاضر وليس في الماضي أو المستقبل.

21. التعامل مع الواقع والآن.

22. فهم الثقافة والمغايرة للآخرين.

23. القدرة على إعادة تجديد وترميم التصدعات النفسية.

24. القدرة على اتخاذ القرارات بوعي ومسؤولية.

25. القدرة على تقييم الذات والنفس باستمرار.

26. الاهتمام برفاهية وسعادة الآخرين ممن هم حولك.

27. الفهم العميق للعمل، ولصعوباته، واحتياجاته، وتحدياته، واشتقاق معنى من ذلك.

28. التوازن النفسي المستمر للوصول إلى حدود الصحة النفسية.

29. عدم حمل مشكلات الآخرين إلى حيث ساعات الراحة والاسترخاء والهدوء.

30. تجنب خداع الذات.

31. بناء أهداف واقعية في الحياة، قابلة للتحقيق والتنفيذ.

بناء علاقات جيدة مع الآخرين من خلال:

أ.   أن تعلن رأيك بوضوح عندما يطلب منك ذلك.

ب.   أن تعبر عن غضبك دون أن تنفجر وتثور.

ج.   أن تواجه نقداً بنّاءً في الوقت الملائم.

د.   أن تعبر عن مشاعرك الشخصية بالود والصداقة نحو الآخرين.

هـ.   أن تمدح سلوكاً طيباً أو تعبر عن إعجابك بسلوك شخص ما.

و.   أن تقول لا عندما تعني فعلاً ذلك.

ز.   أن تظهر اهتماماتك بالآخرين، سواء بالإنصات أو الاحتكاك البصري (الاتصال البصري).

ح.   أن تحافظ على تعبيرات وجهية وبدنية ودودة.

ط.   لديك أساليب وطرق أخرى، أيضاً قم باستثمارها.

فكر فيها، حللها، استفد منها، إنها رصيدك، وكنزك في الحياة.

صورة الشخص المكتئب:

1. هبوطاً حاداً في المزاج.
2. انهيار صورة الذات لديه، كذلك إحساسه بالفشل، تدهور في نشاط وفاعلية الوظائف البدنية المختلفة.
3. تثاقل وتباطأ قدرات الفرد الحركية والنشاطية وقدراته على اتخاذ القرارات الصائبة.
4. اضطرابات في الانفعال، المشاعر، التفكير، الأحاسيس، المزاج.
5. التفوه بعبارات مثل:

- لم يعد بمقدوري تحمل ذلك.
- لا يوجد من يسندني.
- الجميع قد نقض يده عني.
- مسكين أنا.
- إنني أستحق اللوم والتعزير.
- كيف يمكن لإنسان أن يتحمل ما أنا فيه.
- كيف أنجو من مثل هذا الجو.
- أنا لا أستحق أن أكون إنساناً.

- لا أرى على الإطلاق فائدة فيما أقوم فيه.
- حياتي لا يقبلها أي إنسان على وجه الأرض.
- حياتي تفتقد عنصر الحب.
- أعرف مسبقاً أن مصير كل هذه المحاولات هو الفشل.

ترى، هل ترغب بهذه الصورة!! بالطبع لا،،، لا أحد يتمنى هذه الصورة لغيره، فكيف يريدها لنفسه؟

هل لك أن تفكر مليّاً بالابتعاد عن رسم هذه الصورة بداخلك؟ نعم،،، أراك قادراً على رسم الصورة الأجمل، والأحلى، والأنقى، والأبهى، لنفسك،! لماذا؟؟؟ لأنك تمتلك من القدرات، والخيال، والإمكانيات، ما يجعلك كذلك.

معالجة الضغوط والتعايش مع الواقع:

1. إن وجود الضغوط في حياتنا هو أمر طبيعي، ولكل فرد من نصيبه من هذه الضغوط اليومية وبدرجات متفاوتة، ووجودها لا يعني أننا مرضى، بقدر ما يعني أننا نعيش ونتفاعل مع الحياة، ونحقق تقدم وإنجازات معينة، وعلاجها أي الضغوط يكون بالتعايش الإيجابي معها ومعالجتها ونتائجها السلبية فالعلاج يكون من خلال الاسترخاء، ومن خلال الوعي بمهارات التواصل والاتصال وتعديل الحوارات الشخصية، وإعادة فهمها للواقع، والتدرب على المهارات الاجتماعية لحل مختلف صراعات العمل والأسرة والتوافق معها.

2. معالجة الضغوط أولاً فأول لتجنب آثارها وتراكماتها.

3. المطلوب هو تخفيف الضغوط وليس التخلص منها وذلك لاستحالة ذلك عملياً في الواقع الذي نعيش، من خلال جعل أهداف الفرد أكثر معقولية وواقعية.

4. التوازن بين احتياجاتك الخاصة وحاجات الآخرين.

5. تعلم الرفض للطلبات غير المعقولة.

6. المعالجات البناءة للصراعات وخلافات الرأي.

7. توزيع الأعباء على الآخرين.

8. الإقلال من الشعور العدواني، وتعلم طرق جديدة للتغلب على الغضب والغيرة.

9. ممارسة الاسترخاء وتدريب النفس في المواقف الطارئة على الممارسة المهمة، كي يصبح أسلوباً في الحياة.

10. النظام الغذائي المتوازن.

11. الراحة البدنية.

12. العادات الصحية الجيدة، والابتعاد عن الملوثات والضجيج والفوضى، واستنشاق الهواء النقي، والجلوس في مكان هادئ، قد ترى فيه ألوان الطبيعة، وتسمع خلاله سيمفونية، سقوط الماء من شلالات عفرا، أو ماعين.

بعض الاضطرابات والأمراض النفسية والجسمية

ضحايا الأمراض النفسية:

هل تعلم أن أكثر ضحايا الأمراض النفسية نساءً!!

إن الأمراض النفسية منتشرة عند النساء في هذا العصر المتغير المتطور وبصورة مقلقة، حيث أن الحياة بضغوطاتها المختلفة قد عصفت رياحها نحو عالم المرأة، فهناك أرقاماً قد أكدتها الجمعية النفسية الأمريكية، "**حيث أن نسبة الإصابة بالأمراض النفسية عند النساء هي ضعفي إلى ثلاثة أضعاف هذه النسبة عند الرجال**"، فالكآبة والقلق والفصام والعتوه والوساوس بأنواعها والتوتر والأرق، والعديد من الاضطرابات السلوكية كلها وغيرها قد انتشرت بين النساء.

بعض ما تتعرض له المرأة:

- **زيادة الإحباط، عدم القدرة على إبداء الرأي**: لعوامل التربية المتزمتة والشديدة والتي لا تسمح للبنت أو الزوجة من إبداء رأيها في بعض المسائل الحيوية في حياتها، مما يؤدي إلى حدوث قلق نفسي وشديد وإحباط وكبت يتبعه ظهور التحول الهستيري والذي يعاني المصاب به من فقد الكلام الهستيري أو العمى الهستيري.

- **اضطرابات الشهية**: كالزيادة أو النقصان في الوزن الناتج عن كثرة أو قلة تناول الطعام، عندما تكون الفتاة في عمر ما بين (13 – 20) سنة.

- **اضطرابات اجتماعية ونفسية**: وهذه ناتجة عن قيام المرأة بأعباء البيت والأسرة وتحملها إدارة هذا البيت بمفردها هذا إلى جانب عملها الخارجي ومتطلباته التي لا ترحم، فنتج عن ذلك التوتر والصراعات.

- **اضطرابات منتصف العمر**: في نهاية الأربعينات حتى منتصف الخمسينيات نتيجة للاختلالات الهرمونية، والعوامل الاجتماعية، والثقافية المجتمعة ومسؤوليات الأسرة والأولاد.

- **مشكلات الطلاق "والانفصال"**: بالإضافة إلى مشكلات عنف الشارع والمضايقات غير المنتهية، وانهيار سلم القيم المجتمعي والضوابط الأخلاقية.

قلق المرأة على أطفالها:

الأمومة والقلق على الأطفال حاضراً ومستقبلاً، هما رفيقان متلازمان، إن شيئاً معقولاً من قلق الوالدين على أطفالهما، أمر طبيعي لا يختلف عليه اثنان، فهو جزء من طريقة تربية الأطفال، إن أمهات اليوم عليهن مهمة مضاعفة في تربية جيل سوف يتعامل مع أخطار جديدة، لا نعلم حتى الآن ماذا ستكون وكيف ستكون، صحيح أن بعض ملامحها ظاهرة لكنها بالطبع ستكون صعبة أيضاً على هذا الجيل، ومن هنا يتزايد قلق الآباء على أبنائهم.

إن الطفل، قابل للإصابة بعدوى المزاج السلبي السيئ الذي يرتسم على وجه أمه وأبيه وسرعان ما يتطبع وينطبع في قرارة نفسه صورة الدنيا ورؤيتها على أنها شيئاً مخيفاً.

خوف المرأة من الكوارث والغموض:

ليس باستطاعة أحد من الناس الحيلولة دون وقوع هزة أرضية، أو حدوث كارثة طائرة أو سيارة، ولكن القلق الدائم من ذلك لا يغير شيئاً من الواقع، لذلك فخير للإنسان أن يصرف ذهنه عن هذه الأخطار وأن يركز اهتمامه في الأمور التي يستطيع التحكم فيها.

أحياناً يكون خوف الإنسان لجهله لبعض الحقائق، واستمرار الجهل بأحد الأمور التي تؤرقه، كثيراً ما يجعله يحرق نفسه غمّاً وكمداً وكبتاً دونما إفصاح لما يلم له، وهنا أقول إن سعي الفرد وراء الفهم يريحه وينير له الطريق، فيتعامل مع الحقائق بأريحية ودراية بدلاً من التخبط، ثم إن المعرفة تعادل القوة.

إن التفاؤل بالخير، والنظر إلى الحياة ونواحيها المشرقة، والتفكير بالأشياء السعيدة، هي أفضل للحياة النفسية من العبوس وإقطاب الجبين، والعيش مع الظلام.

تحصين المرأة ضد الاضطرابات النفسية:

- أن يكون للمرأة ثقافة واسعة في الحياة، وفي العلاقات وبنائها، وأن تعي ما وراء الحديث الذي من خلاله قد يرتدي بعض ممن تقابلهم من الأفراد أقنعة زائفة، وأن لا تقع في شراك صانعوا حرير الحياة وورودها كي ينتهزوا فرصة الصيد والوصول إلى أهدافهم.

- أن تكون للفتاة شخصية مؤكدة لذاتها، تستطيع أن تقول لا في المواقف التي تتطلب لا، وأن تكون ثقتها بنفسها مؤسسة على أساس من الخلق والعقل والدين.

- أن لا تكون المرأة هي مصدر للإثارة ومصدر جاذب ومثير لوقوع الخطأ، قد يثير عند فاشلي الحياة، ومهندسو شوارعها غير الرسميين بعض مكبوتاتهم والتي من خلالها قد يسيئون إليها.

- الابتعاد عن الشبهات.

- دفء العلاقة الزوجية، والتعاون الأسري، والتفاهم والتواد والقيام بدور تربية الأبناء على هدى من العلم والدراية والتسامح والتفهم والقبول، وتنمية الشخصية بكافة جوانبها.

● التمسك بالعقيدة والدين والقيم الحميدة.

● المرأة هي نصف المجتمع، وحري بهذا النصف من أن ينصف، ودور المرأة أساسي في إنصافها، ومفتاح نجاحها أو فشلها، قلقها أو هدوئها، تسلطها أو تسامحها هو نفسه مفتاح نجاح الرجل أو فشله، فالتكامل والرحمة والتواد والسكينة هي بعض أركان الحياة السعيدة ذات المعنى.

كيف تتجنب الانهيار العصبي والنفسي؟

هناك صعوبة في مخاطبة الشخص عندما يصل إلى شفا حفرة الانهيار العصبي، خاصة وأنه يكون في حالة نفسية صعبة، متمركزاً حول ذاته، كثير الشكوك بمن حوله، ويتجنب الآخرين، لكن وقبل أن يتطور الاضطراب والتوتر والقلق عند الفرد إلى مراحل خطرة يمكن لهذه الملاحظات والعظات أن تكون واقياً له من الانهيار:

1. إيجاد المحيط المتفهم:

والاختلاط مع الآخرين حتى لا يشعر الإنسان بالوحدة في معاناته.

2. التخلص من الإرهاق النفسي:

يفرز الجسم هرمونات كالأدرينالين، النورادينالين، وغيرها، وهذه بدورها لها أضرار على الجسم والضغط والدورة الدموية، ثم إعاقة الطاقة النفسية الضارة والتي قد تحبس وتسبب المزيد من التوتر، ويكون التخلص من هذه الطاقة من خلال تعريفها وتنفيتها من خلال الحديث بها للمعالج النفسي- أو كتابتها للذات أو الرياضة الخفيفة كالمشي- والسباحة.. (أي تفريغها.. وتفريغ شحنتها السالبة الضارة).

ولو عدت إلى معنى الانهيار من وجهة نظر العلماء التحليليون فهم يعرفونه على أنه الاكتشاف المفاجئ والمروع للظلم والقسوة الخارجيين كالشعور بأن المجتمع والقدرة قد أغلقا الطرق أمام الفرد، ثم إن وجهة نظرهم في العلاج تكون من خلال الكتابة والتنفيس الانفعالي والحديث عن مشكلاتهم وما يعانون منه، وكلنا يعلم الراحة التي توفرها لنا رسالة نضمنها أحاسيسنا حتى ولو لم نرسلها ومزقناها بعد ذلك كتابتها.

3. لا تكتم حزنك وغضبك:

بل دع نفسك على سجيتها في إظهارهما.

4. حافظ على مرونتك:

إن القلق هو الذي يحني رأسه أمام العاصفة، إن الشجرة الباسقة أمام هبوب الرياح على عكس الأعشاب الصغيرة تحتها تتلوى مع الهواء، والعبرة بالنتيجة فقد تنكسر الشجرة لقلة مرونتها، وتبقى الأعشاب كما هي بعد العاصفة نتيجة لمرونتها.

5. الابتعاد عن تناول المسممات أو المنشطات.

6. الاسترخاء:

والجلوس في مكان هادئ، والترويح عن النفس.

7. تعلم كيف تتنفس:

إن أكثر الناس لا يجيدون التنفس، ويكون ذلك من خلال أخذ الهواء (الشهيق) بواسطة الأنف ببطء وعمق حتى تملأ كامل تجويف الرئتين بالهواء النقي، ثم تخرجه ببطء وهكذا.

8. الإيمان بالله سبحانه وتعالى:

والروحانية الصادقة، والصبر على الشدائد، والتطابق ما بين الأقوال والأفعال، وطمأنينة النفس، والابتعاد عن الطمع والحسد، الرضا بالواقع، والسعي لتحسينه، واختيار أنسب الطرق وأسلمها لتحقيق الأهداف.

كيف تحقق وزناً جسمياً مثالياً؟

في أمريكا مثلاً هناك أكثر من نصف السكان يعانون من زيادة الوزن والدهون في أجسامهم، وبالطبع يشعر الفرد بقلق شديد جراء وزنه الزائد، خاصة وأن أخطار البدانة وما تسببه من مشكلات صحية كالأزمات القلبية، وارتفاع ضغط الدم والسكتات الدماغية، ومرض السكري، والتهاب المفاصل، وانقطاع التنفس المصاحب للنوم، وبعض أنواع السرطان مثل سرطان الثدي والرحم والبروتستات، بالإضافة إلى أن البدانة تؤدي إلى قصر فترة الحياة.

إن الصحة النفسية لها ارتباط تام مع الصحة البدنية والعكس صحيح، وكلاهما يؤثر في الآخر سلبياً وإيجابياً.

كيف تحقق جسماً سليماً متوازناً بوزن معقول؟!

- التحكم في كميات الطعام التي تتناولها.
  - لا إفراط في اللحوم.
  - لا إفراط في الكربوهيدرات والدهون والزيوت.
  - لا إفراط في الحلوى.
- تناول الماء بما لا يقل عن 8 أكواب كبيرة يومياً عدا عن المشروبات الأخرى.

- احذر الزيادة في تناول السعرات الحرارية.
- عليك بالحركة والنشاط.
- إتباع أنظمة غذائية تؤدي إلى نزول الوزن ببطء وليس بشكل سريع.
- تناول الألياف والخضار والفواكة الطازجة والحبوب الكاملة
- تعديل الأسلوب الغذائي عند الفرد، فلا يأكل وهو متوتراً، أو بطريقة ما للتعامل مع القلق، أو عندما تزداد التوترات والضغوطات عليه يتجه الفرد نحو الطعام ليفرغ هذه الطاقة في ملء معدته بألوان الطعام.

علاج ارتفاع ضغط الدم:

من المعروف طبعاً أن التوترات المستمرة، والنصاحة (السمنة)، والخلل الذي يصيب بعض الأعضاء الداخلية، وطبيعة الحياة والغذاء الذي يتناوله الفرد، كلها وغيرها من العوامل التي تسبب ارتفاع ضغط الدم.

ومن الممكن بإتباع هذه الطرق تنظم ضغط الدم ومعالجته:

أ. **تقليل الوزن للمريض المصاب بالسمنة**: حيث أن الإقلال من النشويات والسكريات والدهون، والإكثار من تناول الأسماك، كما يفضل استخدام **زيت الزيتون في طهي الطعام** بدلاً من الزيوت الأخرى.

ب. **ممارسة الرياضة**: ركوب الدراجة، السباحة، المشيء الركض الخفيف، الحركة والتمارين الرياضية كلها تؤدي إلى انخفاض ضغط الدم.

ج. **الإقلال من تناول ملح الطعام**: والإقلال من تناول المخللات والأغذية المملحة المركزة ما أمكن إلى ذلك سبيلاً.

د.   **الابتعاد عن التدخين:** حيث أن النيكوتين يؤدي إلى زيادة الضغط عند الفرد.

ه.   **تقليل تناول القهوة ما أمكن.**

و.   **الابتعاد عن تناول الكحول.**

ز.   **الابتعاد عن مصادر التوتر والانفعالات:** وإذا حدثت فيكون التعامل معها بواقعية دون تضخم أو تهويل أو تفسير مجهري مكبر، وإنما ضمن سياقها وأبعادها الحقيقية والتعامل معها على أنها تحديات يمكن التغلب عليها.

ح.   **يمكن الاستشارة الطبية المتخصصة:** وتناول الأدوية المنظمة أيضاً حيث توجد أدوية تستخدم بأمان تام وليست لها أية أعراض جانبية.

اضطراب صورة الجسم:

الكثيرون من البشر غير راضين عن صورة الجسم من وجهة نظرهم الشخصية، كأن الفرد غير راضي عن مظهره، أو يرفض جزء من جسمه مثل الشكل، الوزن، حجم الصدر، الطول، القصر فقدان الشعر، وقد يرتبط بهذا الاضطراب فقدان الشهية، أو الشره العصبي الشديد للطعام.

ينشأ القلق من الانشغال بالمظهر الجسمي، ويكون الأمر مقلقاً فعلاً عندما يكون صاحب هذا الاضطراب يمتلك مظهراً وجسماً جيداً ومقبولاً، وأن هذا العيب لا وجود له إلا في خيال هذا الفرد فقط.

إن اهتمام الفرد بردود فعل الآخرين يجعله سريع الخجل، يبدي عدم المشاركة الاجتماعية، خوفاً من تركيز انتباه الآخرين على مظهره الجسمي، وقد يصبح الفرد سجيناً لبيته، مهتماً كل الاهتمام بالأقوال السلبية التي سمعها عن صورة جسمه من الآخرين.

ما الحل:

- إن امتلاك أفكاراً لا منطقية حول المظهر وأن الآخرين يركزون عليه، وأن هناك عيباً ما، يشعر الفرد بالخجل، هذا المنطق غير صحيح مطلقاً، ولا وجود لصحته، ويستطيع الفرد أن يـرى هناك عيوباً كثيرة عند الآخرين، وهم عاديون، غير قلقين من ذلك أو عليه.

- الحديث الذاتي الذي يقوله الفرد هنا لنفسه، هو حديث سلبي.

- يمكن الشعور والإحساس بالسعادة فيما لو تم تغيير هذا الحديث إلى أقوال مثل: "إنني أشـعر بالسعادة، فجسمي متناسق، إنني مسرور، ووزني مناسـب، إنني جميل، إنني أمتلك طولاً مناسباً....الخ".

- ثم أيضاً وللمحافظة على الصحة البدنية وتنشيط أجهـزة وأعضاء الجسـم وبصـورة مسـتمرة، على الفرد الانتظام ببرنامج رياضي يـومي، كالمشي- أو السباحة، أو أي رياضة خفيفة، ويهـتم أيضاً بنظامه الغذائي، ومقدار السعرات الحرارية التي يتناولها.

- أما إذا كان هناك نقصاً في الطول أو عيب خلقي في عضو من أعضـاء الجسـم، فعـلى الفـرد أن يحمد اللـه باستمرار، فالإنسان ليس دائماً بمظهره وصـورة جسـمه، وإنمـا هـو قطعـاً بعقلـه وتفكيره وعلمه وخلقه وأدبه، وهي المظاهر الأولى بالفرد أن يعيرها كل اهتمام.

مراحل وخصائص ومشكلات الشباب النفسية

طبيعة الشباب:

إن مفهوم الشباب يمكن توضيحه على أساس زمني، وهو يعني اعتبار مرحلة الشباب فترة من **العمر تقع بين سن الخامسة عشر وسن الثلاثين**، وهي السن تتصف بـ قابلية التعلم والنمو، والقدرة على الابتكار، كما أنها السن التي تمثل مرحلة الانتقال من الطفولة إلى النضج، وينظر إلى الشباب على أنها الفترة التي تتصف بالحيوية والتطورية من جميع النواحي البيولوجية والفيزيائية والعقلية والنفسية والاجتماعية والخبراتية والمعرفية عند الشباب ذكراً أكان أم أنثى.

إن الشباب مرحلة من عمر الإنسان والمجتمع معاً، تبدو خلالها علامات النضج النفسيـ والاجتماعي والبيولوجي واضحة، كما أنها مرحلة ممتلئة بالقلق والاضطراب والصراعات بل والأزمات كما يعرفها (أريكسون)، وأيضاً مليئة بالتمرد والرفض، هم أحوج من غيرهم للفهم العميق من الآخرين، باعتبارهم فئة ذات طابع خاص، **وإذا كان الشباب في أزمة فالمجتمع كله في أزمة**.

يمكن توضيح طبيعة الشباب في النقاط التالية:

1. يتميز الشاب بالمثالية المطلقة والرومانسية، وينعكس ذلك على تفاعله مع الآخرين ونظرته للحياة وحاجاته ورغباته.

2. لدى الشباب نزعة استقلالية، يريدون من خلالها تأكيد ذواتهم فالشاب يحاول أن يكون له رأياً خاصاً وموقفاً متميزاً في كل قضية وكل أمر.

3. لدى الشباب روح الانتقاد للواقع وللآخرين وللآباء والمجتمع وأحياناً ينبع ذلك من الشكوك أو عدم الثقة بالآخرين.

4. محاولة التخلص من كافة أنواع الضغوط المسلطة عليـه، ليعـبر مـن خـلال ذلـك عـن تأكيـده لذاته، ورغبته في التحرر والحرية من القيود الأبوية والمجتمعية.

5. التوتر في الشخصية، بحيث قد يتعرض الشاب لانفجارات انفعالية تؤدي إلى اختلال علاقته مع الآخرين وهم الرفاق والأصدقاء والآباء والمعلمين.

6. درجة عالية من الحيوية والطاقة نحو الحياة، وهي تمثل سـلاح ذي حـدين فيما لـو تسـتهلك باتجاه منفعة الفرد وتحقيقه لذاته بسوية وإيجابية.

7. رغبة في التغيير والتجديد، حيث يبدي الشاب رغبة وقدرة ومرونـة في ذلـك، وهو الأسرع في التكييف مع المستحدثات، وهو يعكس بذلك رغبة في تغيير الواقع الذي وجده ولم يشارك في صنعه.

8. رغبة وحاجة لاكتشاف الذات والهوية الشخصية (الأنا) ثم اكتشاف الآخرين والمجتمع والعالم.

9. نشاط فلسفي، من خلال يتأمل العالم، ويبدأ بطرح الأسئلة، باحثاً عن إجابات وتفسير لما يـرى ويشاهد في هذا الكون الواسع.

10. يهتم بالتمييز والتفرد، حتى في أنواع اللبـاس، أو الأكـل، أو امـتلاك القـدرات التـي تميّـزه عـن الآخرين.

احتياجات الشباب:

● **الاحتياجات الروحية:**

يحتاج الشباب إلى نفحات روحية، لتنشيط الضمير الخلقي عنـده، يشـعر بأنـه إنسـان حـي الضمير، يؤمن بالعدل والمساواة، يؤمن بحقوق الآخرين، يحترم الديانات كافة، له عقيدة وديانة يهتدي بها إلى سبل الرشاد.

● **الاحتياجات العاطفية:**

يحتاج الشاب إلى أن يُحِب وأن يُحَب مـن الآخـرين، ويحتـاج إلى علاقـات دافئة في مجـال الأسرة والأصدقاء.

● **الاحتياجات التي تتصل بالقيم والعادات والتقاليد:**

إن الشاب هو أحد مخرجات الأسرة والمجتمـع والمدرسـة حيـث أن التربيـة المتوازنـة تسمح للشاب بأن يتشرب قيم مجتمعه وعاداته وتقاليـده، وإن يتمثلها بقبول نفسي ـ وعقلي، دون صراع أو اغتراب.

● **الاحتياجات المالية اللازمة لمقابلة مختلف الاحتياجات:**

إن المشكلات المالية، ووجود دخل للشاب جراء عمله وشغله، سواء أكان ذلك بمهنة خاصة أو عمل وظيفي، تشكل جسر الاستقرار لبناء الأسرة، وتحقيـق الرغبـات والحاجـات، وتحقيـق الـذات، فمن واجب المجتمع على الشباب، أن يعده لمهنة أو حرفة أو عمل وفقاً لقدراته واجتهاده وطموحاته.

ومن واجب الشباب على مجتمعه، أن يتقن الدراسة والإعـداد المهنـي، وأن يتصـف بالخلق القويم، وأن يرد الدين الذي عليه للمجتمع، من خلال القبول بالعمل والإخلاص والإبداع والتميز فيه.

● **إن المهنة هي امتداد لشخصية الإنسان:**

بها يرى الإنسان نفسه، وهي نوع مـن المرايـا الذاتيـة، التي يـرى بهـا الفـرد ذاتـه ويحقق طموحاته، وحقيقة أن أخطر قرار في حياة الفرد هو قرار اتخاذ مهنـة ما، لأن هذه المهنـة سـوف تحـدد الكثير من مستقبليات حياته، فهـي التـي تحـدد الأجـر ومقدار الـدخل المالي لـه، وهي التي تحـدد أصدقائه المستقبليين، وطبقة هؤلاء الزملاء

مرتبطة أيضاً بالعوامل المشتركة التي تهبها المهنة لروادها أن مستقبل الشاب يرتبط بدرجـة كبيرة بمهنته ونوعها وطبيعتها.

حل مشكلات الشباب النفسية:

إن الأمم تكرس جـل جهودهـا ومواردهـا وطاقاتهـا لتـوفير سـبل الاسـتقرار والأمـن لـشبابها ويكون ذلك من خلال:

أ.   تنظيم هذه الجهود والموارد والطاقات بما يتناسب مع نماء الشباب فكرياً وعاطفياً وجسمياً.

ب.   العمل على توظيف جهود الشباب والتقليل من هدر الطاقات الشبابية واستنزاف هذه الموارد الرافدة للمجتمعات.

ج.   العمل المستمر والدائم على إزالة المعوقات بكافة أنواعها من أمام الشاب سواء كانـت نفسـية أو عقلية أو جسمية والتعاون معهم لحل مشكلاتهم.

د.   تكافؤ الفرص وتعدد الخيارات والعمل على تحقيق ذلك أمام الشباب.

ه.   تربية الشباب المؤمن بالله، والمهتم بالسعي الحثيث وراء الرزق، والإيمان بما قسم اللـه لـه، وهذا ما يخلصه من مشاكل الحقد والحنق والأنانية.

و.   التربية التعاونية وليس التنافسية، بهدف منع الإحساس بالفشل، والتركيز على الجهود المبذولة وليس على العلاقة أو النقاط المحصلة.

ز.   بناء الهوية الذاتية والانتماء للمجتمع، والابتعاد عن شعار الفردية أو الأنانية، أسـتطيع القـول بأنه كلما زاد الانتماء كلما زادت الجرائم ضد المجتمع.

ح. ضرورة التربية والتوجيه نحو الاعتزاز والافتخار بالأمة العربية، لأنها أمة جديرة بـالاحترام ديناً ولغة وتراثاً.

كيف يمكن مساندة الشباب المراهقين للتوصل إلى حل وسط بين الأنشطة التعاونية والتنافسية؟

1. إتاحة المجـال للمـراهقين بالقيـام بتحديـد مشـاركاتهم الخاصة ووضـع دليـل مناسب لهـذه المشاركات والتركيز على التعاون وروح الفريق الواحد.

2. مساعدة الشاب على أن يطور موقفـاً مسـؤولاً عـن أفعالـه، وأن يكـون قـادراً عـلى الـتحكم في بيئته.

3. مراعاة الفروق الفردية والشخصية والطباع للأفراد.

4. تعليم الشباب مهارات وضع أهداف واقعية ومناسبة في حياته.

5. تشجيع المجهود والتحسن، وأن تكون الأخطاء هي جزء من عملية التعلم.

6. التركيز على التطوير والنمو الشخصي وليس على هزيمة الآخرين، والاتصاف بالبطولـة وتحقيـق الفوز.

الصحة النفسية

ما هي الصحة النفسية؟

الصحة النفسية: "هي التوافق التام بين الوظائف النفسية المختلفة مع القدرة على مواجهة الأزمات النفسية العادية التي تطرأ عادة على الإنسان مع الإحساس الإيجابي بالسعادة والكفاية".

ويعني التوافق التام بين الوظائف النفسية هي خلو المرء من النزاعات والصراعات الداخلية، وقدرته على الحسم بين هذه الصراعات بناء على فكرة معينة ذات طابع إيجابي.

إن وظيفة الحياة النفسية هي تكيف المرء لظروف بيئته الاجتماعية والمادية وغايتها تحقيق حاجات الفرد، وهي تتحقق عادة بالتعامل مع البيئة وهذه البيئة متغيرة، وهذا التغيير بالطبع يثير المشكلات، يقابلها بحالات من التفكير والانفعال، ومختلف أنواع السلوك.

إن تعريف الصحة النفسية بانتقاء الأعراض النفسية والعقلية يعد من التعاريف السالبة للصحة النفسية حيث تفسر الظاهرة بالمظاهر التي يجب ألا تتوافر، دون أن تقترب من المظاهر التي توجد مع الصحة النفسية وتنعدم بانعدامها، وهذا المعنى للصحة النفسية بهذه الطريقة يعد معنى محدوداً وضيقاً للصحة النفسية.

ومن تعاريف الصحة النفسية: "قدرة الفرد على التوافق مع نفسه ومع المجتمع الذي يعيش فيه، وهذا يؤدي إلى التمتع بحياة خالية من التأزم والاضطرابات مليئة بالدفء والحماسة وهنا بالطبع يرضى الفرد عن نفسه، ويتقبل ذاته كما يتقبل الآخرين، فيتوافق اجتماعياً، وسلوكه معقول يدل على اتزانه

العاطفي والانفعالي، وكذلك العقلي في ظل مختلف المجالات، وتحت تأثير جميع الظروف.

إن الشخص ذو الصحة النفسية الجيدة، يتميز بالقدرة على السيطرة على العوامل التي تؤدي إلى الإحباط واليأس، ويسيطر على عوامل الهزيمة المؤقتة دون اللجوء إلى ما يعوض هذا الضعف أو عدم النضج إنه يستطيع الصمود أمام الصراع العنيف ومشكلات الحياة اليومية، إنه قادر على الاستعانة ببصيرته وقدراته، قادر على الضبط والتحكم الذاتي بنفسه وعالمه ومشاعره وأفكاره وسلوكاته.

وهناك تعريف للصحة النفسية: "الشرط أو مجموع الشروط الواجب توافرها حتى يتم التكيّف بين المرء ونفسه، وكذلك بينه وبين العالم الخارجي، تكيفاً يؤدي إلى أقصىـ درجات الكفاية والسعادة لكل من الفرد والمجتمع الذي ينتمي إليه هذا الفرد".

إن الصحة النفسية مسألة نسبية يتمتع بها الفرد بدرجة من الدرجات بمعنى أنه ليس هناك حد فاصل بين الصحة والمرض، وهذا ما يؤكده هذا التعريف للصحة النفسية: "أنها مدى أو درجة نجاح الفرد في التوافق الداخلي بين دوافع ونزعات الفرد المختلفة، وفي التوافق الخارجي في علاقاته مع البيئة المحيطة بما فيها من موضوعات وأحداث وأشخاص".

لا يوجد حد نهائي للصحة النفسية، أو كمالية الصحة النفسية، فلا يوجد إنسان يخلو من صراع أو من القلق، ولم يخبر الإحباط والفشل، وما يترتب عليهما من مشاعر وانفعالات، كما أن المضطربين أنفسهم يختلفون في درجة الاضطراب، كذلك يعتبر التوافق الاجتماعي أمر نسبي ومختلف من مجتمع لآخر ومن عصر لآخر أي (اختلاف المكان والزمان).

فالفرد الذي يعتبر غير متوافق في التعامل مع أحد المجتمعات قد يصبح متوافقاً تماماً في مجتمع آخر، ومثال على ذلك: المرأة التي تخشى التعامل مع

الجنس الآخر في المجتمعات الغربية تعتبر غير متمتعة بالصحة النفسية وهي بحاجة إلى علاج، أما في مجتمعنا المسلم فهذا أمر مقبول ويلقى الترحيب، ثم إن المرأة تقوم بأعمال معينة في الوقت الحاضر، كأن ينظر إليها في زمن مضى (استرجالاً) وخروجاً على المألوف.

طبيعياً، إنه من الصعب أن نجد الفرد المتمتع بالصحة النفسية الكاملة (Super) أو كذلك الشخص الموسوم بسوء التوافق الكامل وذلك يعود إلى أن الفرق بين الصحة النفسية وسوء التوافق إنما هو فرق في الدرجة.

ما هي الهوية؟

كما أنه والحديث عن الصحة النفسية لا بد من تعريف الهوية:

يشير مصطلح الهوية إلى تنظيم دينامي داخلي معين للحاجات والدوافع، والقدرات، والمعتقدات، والإدراكات الذاتية، بالإضافة إلى الوضع الاجتماعي السياسي للفرد، وكلما كان هذا التنظيم على درجة جيدة، كلما كان الفرد أكثر إدراكاً ووعياً بتفرده وتشابهه مع الآخرين، وأكثر إدراكاً لنقاط قوته وضعفه، أما إذا لم يكن هذا التنظيم على درجة جيدة، فإن الفرد يصبح أكثر التباساً فيما يتعلق بتفرده عن الآخرين، ويعتمد بدرجة كبيرة على الآخرين في تقدره لذاته، أيضاً ينعدم الاتصال بين الماضي والمستقبل بالنسبة له، حيث يفقد ثقته بنفسه وفي قدرته في السيطرة على الأمور ومجرياتها، وبالتالي ينعزل عن حياة المجتمع الذي يحيا فيه، وهو ما يعرف بأزمة الهوية.

إن موضوع الهوية يمثل محوراً نمائياً هاماً خلال سنوات الدراسة الجامعية، حيث أن التغير يشمل مكونات الهوية وهي:

- الاختبار المهني.

- المفاهيم الدينية.

- المفاهيم السياسية، والاندماج مع الآخرين والإحساس بمشكلاتهم.

- القيم الجنسية والنمو الأخلاقي، والتعرف على الأدوار الجنسية والتوقعات الاجتماعية من كلا الجنسين.

الثقة بالنفس:

ويعني إدراك الفرد لكفاءته أو مهارته، وقدراته على أن يتعامل بفعالية مع المواقف المختلفة.

ومن خصائص الشخص الذي يتمتع بثقة عالية في نفسه ما يلي:

1. يعرف من هو وما يريد؟

2. يدرك كفاءاته ومهاراته ويثق بها.

3. قادر على التفاعل مع الآخرين ومع الأحداث دون أن ينسحب من مواجهتها.

4. قادر على الإفادة الذاتية، بحيث يستفيد من تجاربه وخبراته.

5. غير متهور، ولا يتعدى على حقوق الآخرين.

6. مؤكد لذاته بصورة سليمة.

7. لا يتصف بالسلبية أو الانعزالية.

الاغتراب ماذا يعني؟

الاغتراب: "يعني الشعور بالانفصال النسبي عن الذات، أو عن المجتمع أو عن كليهما".

ومن أسبابه ضغوطات المجتمع جراء التغيرات المتسارعة والفنية والتي أدت إلى تغيير في الأدوار الجنسية النمطية لكل من الرجال والنساء.

وهذا أدى إلى اضطراب في تحقيق هوية ناجحة للدور الجنسي عند الفرد.

أعراض الفرد الذي يتصف بالاغتراب:

- العزلة الاجتماعية وعدم التواصل والإحساس بالذنب.
- اللامعيارية والإحساس بعدم الثقة والدونية وتشتت الهوية وتميعها إن جاز القول.
- العجز وكراهية الذات.
- اللامعنى واللاهدف وعدم التخطيط للحياة.
- التمرد.

الوقاية من الاغتراب:

- التفاعل مع الآخرين، وتأكيد الذات.
- فهم الدور الجنسي في الحياة.
- الثقة بالذات (النفس).
- الترويح عن النفس، والاهتمام بالأنشطة الاجتماعية المختلفة.
- وضع أهداف واقعية للحياة، والتخطيط لها.
- تعلم أسلوب حل المشكلات.

- مناقشة المشاعر والأحاسيس، وبناء صداقة متكافئة مع الأقران والرفاق.
- فهم الذات والآخرين، والتعرف على قدرات الفرد واستغلالها وتنمي مواهبه وعمل إنجازات تعزز الدور الفاعل والبناء في المجتمع.

التكيف:

إنه عملية نمر بها وتظهر في مجموعة ردود فعل نجيب بها على متطلبات مفروضة علينا، ويظهر التكيف في حياتنا اليومية في مناسبات مختلفة يرجع بعضها إلى صلتنا مع محيطنا الطبيعي (البيئي) أو الاجتماعي، إنه عملية سلوكية تستدعي وجودها تغيرات معينة تصيب البيئة الذي يكون فيها الفرد، ويكون غرضها الرئيس العمل على تحقيق التوازن بين الفرد وهذه التغيرات، وبهذا المعنى يكون الفرد فاعلاً في العملية من حيث ما يطرأ على سلوكه من تغير ومن حيث ما يجريه من تغيير في الظروف التي تحيط به وبهدف توفير التوازن، وهذا المحيط الذي نعنيه هو محيطه النفسي من جهة ومحيطه الاجتماعي والبيئي من جهة أخرى.

العوامل المؤثرة على الفرد:

- تكوين الفرد الجسدي ومظاهره الجسمية، وحاجاته المختلفة.
- نمط وطبيعة وأثر الحياة التي يعيشها الفرد.
- خبرات الفرد ومدى الإفادة منها.
- الفترة التاريخية التي يعيشها.
- دور المؤسسات المختلفة كوسائل الإعلام والتعليم التي يقع تحت ظروفها.

صفات وخصائص الشخص حسن التكيف:

- الاتصاف بتكوين شخصي تعاوني مع الآخرين، سليم الجسم، والعقل، قادر على تحقيق التوازن بينه وبين المتغيرات البيئية.
- قادر على التعليم الذاتي، قادر على التجريب.
- القدرات التنظيمية لعمله، لأسرته، لحياته.
- الفصل بين حاجاته ورغباته من جهة وما بين حاجات ورغبات الآخرين والموازنة بينها.
- قادر على تفريغ انفعالاته وشحناته بأسلوب لا يعود عليه أو على الآخرين بالضرر سواءً كان المادي أو النفسي.
- القدرة على التحكم والضبط الذاتي.
- لديه بدائل وخيارات، من خلال فهمه للبيئة ولعالمه الذاتي والخارجي، ويستطيع عمل موازنة وموائمة، ويحسن الاختيار إذا لم يوفق في الاختيار فهذه ليست كارثة وإنما هي فرصة للتعلم الذاتي.
- يطور في حياته باستمرار، ويكون فاعلاً، يسهم في الأحداث، ولا يترك الأحداث أن تجرفه إلى أي جهة تشاء.

مضاعفة وتطورات القدرات الوجدانية والعقلية

كيف يمكن أن تطور نفسك باستمرار؟

- اكتب كل الأشياء التي لا تقبلها في حياتك الآن.
- اكتب كل الظروف والمشكلات التي لن تستطيع أن تحتملها.
- اكتب الأشياء التي ترغب فيها وتتوق إليها.
- إن التغيير يبدأ بخطوة بسيطة وهي أن تغير نفسك.
- قم بتغيير المعتقدات والأفكار التي تقف حائلاً في وجهك.
- حدد ما يمكن لقدراتك من تحقيقه وما لا يمكن.
- نمّ بداخلك أحاسيس الثقة بقدراتك وأهدافك.
- إن الإحساس بالثقة الأكيدة هو أساس النجاح.
- حاول البحث عن قدوة ما، شخص ما تمكن من تحقيق ما تصبو إليه، وأن تحاول أن تتعرف ما لديه من معرفة، ماذا عمل لتحقيق ذلك؟ ما هي قناعاته الأساسية، كيف كان يفكر، هنا سوف توفر الكثير من الوقت لنفسك.
- إن الكثير من الناس قد يعرفون ماذا عليهم أن يفعلوا، إلا أن القلائل منهم فقط هم الذين يحققون بالفعل ما يعرفون.
- إن المعرفة ليست أحياناً كل شيء، بل لا بد من اتخاذ قرار وإجراء لازم لكي تحوّل معرفتك إلى حقيقة.

- استثمر ما لديك من قدرات، ومعارف، وخبرات، حدد ما تريد، اتخذ قراراً وألزم نفسك بتحقيقه، ثم استثمر طاقاتك البدنية والجسمية والعقلية، واستشعر النجاح والسرور والقوة.

- كون علاقات واضحة وقوية مع نفسك ثم مع الآخرين، من خلال فهمك لنفسك لحاجاتك، لأفكارك، لقدراتك، ثم افهم الآخرين، تعون معهم، وتعلم كيف تتواصل معهم أيضاً.

- انظر إلى مستقبلك، واعلم أن المال إنما هو وسيلة للمساهمة بدور مناسب في الحياة وليس هو غاية الحياة، وغاية تحقيق السعادة.

- استثمر الوقت، واجعله حليفاً لك بدلاً من أن يكون عدوك، ولا تبحث عن مكافأة فورية، عليك أن تتعلم الصبر لتحقيق أهدافك واضعاً احتمالات التأخر أحياناً في تنفيذ مخططاتك، مرناً حينما يتطلب الأمر ذلك.

أقوال هامة لأناس مشهورين:

- "ولد الإنسان ليعيش، لا لكي يستعد ليعيش".

(بوريس باسنزناك)

- "ليس الإنسان هو مخلوق الظروف بل الظروف هي من صنع البشر".

(بنجامين دزرائيلي)

- "الحياة إما مغامرة جريئة وإما لا شيء".

(هيلين كيلر)

- "في القلب المليء هناك مجال لكل شيء، أما في القلب الفارغ فليس هناك مجال لأي شيء".

(أنطونيو بورشيا)

- "الخيال أهم من المعرفة".

(ألبرت آينشتين)

- "لا شيء يحدث إلا إن كان حلماً أولاً".

(كارل ساندبيرج)

- "الحياة صورة ترسمها وليست عملية جمع حسابية".

(أوليفر هوبلز)

- "الأشياء لا تتغير، بل نحن الذين نتغير".

(هنري ديفد ثورو)

- "تجتمع المثل العليا كلها في الكرامة، ولقد فتشت عن مثل أعلى يحقق لصاحبه السعادة – كما تحققها له الكرامة – فلم أجد".

(عباس محمود العقاد)

- السعادة هي الخير المطلوب لذاته، وليست تطلب أصلاً ولا في وقت من الأوقات لينال بها شيئاً آخر، وليست وراءها آخر يمكن أن يناله الإنسان أعظم منها".

(الفارابي)

- إن أسعد الناس حالاً وأوسعهم معرفة، وأكملهم علماً بأحوال الطبيعة وأسبابها ونتاج أعمالها، وهو الذي قد صدق نظره، وصحت بصيرته، وطهرت سريرته".

(رياض غربال)

عواطف للقوة:

- **الحب والدفء:**

"إن التعبير عن المشاعر والحب، يذيب العواطف السلبية بمجرد ملامستها، حيث أن كل أساليب التواصل بين الناس ما هي إلا استجابة محبة أو صرخة تطلب العون".

- **التقدير والامتنان:**

"إن استثمار هذه العاطفة هو استثمار للحياة".

- **حب الاستطلاع:**

"عليك أن تكون روتينياً، استثمر حب الاستطلاع واحصل على السعادة والمتعة".

- **التصميم:**

"تعلم كيف تدفع نفسك وتضعها موضع التصميم، أي اتخاذ القرار المناسب والالتزام به وترك كل احتمال آخر".

- **المرونة:**

"اعلم أن الأعشاب التي تنحني تستطيع أن تتجاوز العاصفة".

- **الثقة بالنفس:**

— "إحساس الفرد باليقين وقوة الإيمان".

– "إن التمتع بالثقة يخلق عند الفرد الرغبة في التجريب والسير في الاتجاه السليم".

– "المأساة التي يعيشها كثير من الناس ناتجة بفعل عدم قيامهم بالأفعـال الضـرورية بسـبب خوفهم وعدم ثقتهم بأنفسهم".

- **المرح والغبطة:**

– "إن المرح يعزز من احترام الفرد لنفسه من جهة ثم يجعل حياة الفرد أكثر متعة مـن جهـة أخرى".

– "إن المرح قوة في القضاء على مشاعر الخوف والإحباط وخيبـة الأمـل، والاكتئـاب والشـعور بالذنب".

– "اعلم لأنه مهما كانت طبيعة ما يحدث حولك فإن لجوءك إلى شـعور آخـر غـير المـرح لـن يجعل أمورك أفضل حالاً".

- **الحيوية:**

– "الاعتناء بالقوة البدنية، والاستمتاع بالعواطف السابقة، تعلم كيف تتنفس بعمق وبطريقة سليمة، خصص الوقت المناسب والكافي للنوم والراحة، واعلم أن الجلوس دون القيام بعمـل لا يحافظ على طاقتك، والحقيقة أن فترات الجلوس هذه هي التي تشـعرك بـأكثر قـدر مـن التعب".

– "إن الجهاز العصبي للإنسان يحتاج لأن يتحرك لتأمين الطاقة إليه".

- **المساهمة:**

– "إن سر الحياة يكمن في العطاء".

— "إن الاستعداد لدعم الآخرين ومساعدتهم يجلب السعادة للفرد، لكـن لـيس عـلى حسـابك أنت تماماً".

● ابتعد عن الوحدة فهي قاتلة.

مضاعفة القدرة العقلية:

إننا معشر بني البشر نستخدم بصفته نمطيـة مـا بـين واحـد إلى عشرة في المائـة فقـط مـن عقولنا، والتسعين في المائة المتبقية إلى نحو التسعة والتسعون تظل مهملة دون اسـتخدام، تـرى لمـاذا نحن لا نتعلم بصورة أفضل في حين يحتوي الدماغ على نحو 200 بليون خلية!!!

لماذا لا نتذكر بصورة أفضل في حين تستطيع عقولنا أن تحتفظ بحوالي 100 بليون معلومة؟؟

لماذا لا نفكر بصورة أسرع؟؟

لماذا لا نفهم بصورة أفضل، في حـين أن عقولنـا تحتـوي عـلى أكـثر مـن 100 تريليـون وصلـة محتملة؟ (وهو ما يتوارى منه أعظم الحاسبات الالكترونية خجلاً).

لماذا لا نكون أكثر إبداعاً في حين يصل متوسط أفكارنا لحوالي 4000 فكرة كل 24 ساعة؟

في الواقع إن معظمنا لا يستخدم بحكم العادة سوى جزء بالغ الضآلة من قوته العقليـة، ثـم أيضاً لا يعرف الطريقة الصحيحة لاستخدامه.

كيف تضاعف قدراتك العقلية؟

إذا كان عليك في المرة القادمة أن تتذكر أمر مهم، اتبع الخطوات التالية:

أ. **تيقن من أنك سوف تتذكر هذا الأمر**: (هنا تركز كامل عقلك على هذا الجهد).

ب. **وطّن النفس على تذكرة**: (يعمل ذلك على تنشيط أجزاء خاصة بالعقل من أجل تذكرة).

ج. **تصور وكرر لمرة واحدة في عقلك بوضوح ما تريد أن تتذكره**: (هذا يعمل على إحضار الموضوع إلى بؤرة التركيز في عقلك الواعي والباطن منه).

د. **قل لنفسك وبوعي تام أن تتذكره**: (تعلم هذه القوة الإضافية كعمل التنويم المغناطيسي- أو برنامج الأمر في الكمبيوتر وتؤدي بالفعل إلى قيام العقل الباطن بتصنيف هذه المعلومة وتعطيها سمة خاصة جداً، مما يجعلها متأهبة لاسترجاعها بسهولة).

ه. **استعرض في عقلك ما ترغب في تذكره صباح اليوم التالي.**

و. **راجع الموضوع**: (يعمل ذلك على تنشيط الذاكرة، والتصويب الآلي للمتناقضات، ويزن أيضاً من قوتها لديك).

هل ينام العقل؟

اعلم بأنك كنت نائماً أو يقضاً، وفي أي لحظة على مدار 24 ساعة يومياً، وطوال الأسبوع، بأن ملايين الخلايا في دماغك تظل تعمل باستمرار وبلا انقطاع.

لكن إدراكك لكل ذلك، وكم من المميزات التي تجنيها من ذلك، حيث تبيّن فقط أننا نركز على ما نفعله في حوالي ثلث وقتنا فقط، وتسيطر مشاكلنا

بالأشخاص الذين أثاروا غضبنا على معظم اهتماماتنا، أما في النوم فإن المخ يواصل إرسال واستقبال المعلومات بشأن وضع الأطراف، ودرجة حرارة الجسم، وكافة آلاف الأنشطة المستقلة المسؤولة عن التنفس، والهضم والأحلام.

كيف نستنفذ يوماً واحداً؟

يمكن تحليل يوم واحد في حياتنا كالآتي:

- 33% يكون التركيز على الأمور المحيطة بنا وعلى الأنشطة الراهنة.

- 25% في التفكير في الآخرين والعلاقات الشخصية معهم.

- 6% في التفكير النشط وحل المشاكل.

- 3% في النظر في مدح الذات أو نقد الذات.

- 3% في القلق بشأن الأشياء التي تثير انزعاجنا.

- 2% لتوجيه الذات.

- 1% تتوزع على دائرة بالغة الاتساعات من الموضوعات المتنوعة.

خلاصة:

- التركيز طاقة كبيرة عند الإنسان يمكن له أن يستغلها، وسوف يشعر بالتطور العقلي، والقدرة السريعة على إعادة واسترجاع ما تعلمه.

- حاول مضاعفة الـ 6% التي تستغلها في التفكير النشط وحل المشاكل، ثم لاحظ الفرق.

- قلل من نسبة الـ 25 % التي تصرفها في التفكير بالآخرين والعلاقات الشخصية معهم.

المبادئ الأساسية للتفكير المبدع:

1. احصل على كل المعلومات قبل أن يستقر رأيك على إجابة، أي (جمع كل الأفكار والبيانات الممكنة).
2. قم بعمل تصنيف - واختراع تصنيفات جديدة. (بهدف رؤية العلاقات).
3. استخراج الفكرة العامة أو المبدأ العام من التفاصيل المختلفة (طريقة الاستقراء) بهدف توليد أفكار وتصورات جديدة.
4. فسر ثم اشرح (بهدف الفهم والمعرفة بالشيء).
5. ابحث عما لا تفهمه (أي محاولة منهم الأشياء الغامضة).
6. طبق ما سبق لك تعلمه.
7. قم برفض الحكم التقليدية، (لأنها أي الحكم التقليدية تحدد من أفكارنا).
8. أطلق لأفكارك العنان، (من خلال الخيال الواسع).
9. أعط لنفسك الإذن بالفشل (الإخفاق)، خاصة وأن الطريق إلى النجاح ملئ بالعقبات، فتوقع أن تفشل، وتقبل ذلك ورحب به، واعتبر أن كل فكرة لن تنجح معك كخطوة تقربك أكثر إلى الحل، وهذا يعطيك الحرية بأن تخاطر إذ أنك لن تتراجع لخوفك من أن تفشل.

العلاج الوجودي

العلاج بالمعنى:

الإنسان يعرف تماماً أنه في وقت ما من المستقبل لن يكون موجوداً، وأنه عندما فكر بوجوده وكينونته يمكن أن يفهم حقيقة عدم كينونته، فالموت هو الذي يعط الحياة الحقيقة والمعنى، والموت هو الحقيقة الوحيدة المطلقة في الحياة، حيث أن على الإنسان أن يدرك معنى الوحدة واللاشيئية والغربة والفراغ من هنا ينشأ القلق الوجودي عند الفرد من خلال التهديد بالفناء (فناء الذات) والفراغ وفقدان الوجود، لكن الشيء الأهم للقلق أو الاضطراب هو عندما يفقد الفرد معنى الحياة، خاصة أولئك الذين ليس لهم قدرة على الارتفاع فوق ماضيهم وغير قادرين على التفوق على النفس المغلولة غير الحرة، تاركين عجزهم ليكون أغلالاً وقيوداً أمام حرياتهم، كي يكونوا مسؤولين عن أنفسهم وقراراتهم وإرادتهم، متحملين المسؤولية الكاملة لقراراتهم وحياتهم.

إن الدافع والمحرك الأساسي لدى الإنسان في حياته هو في بحثه عن معنى لحياته ووجوده، متحرراً من تهديدات القلق في عالم الذاتي أو الخارجي، وأما المعنى الأكثر جدلاً في الحياة فهو البحث عن الحب والاحترام والكرامة، ثم هناك معنى للوجه الآخر من الحياة وهو المعاناة، حيث أن الحياة بدون معاناة لا تكون حياة كاملة، وهي ما يمنع الفرد الفرصة ليكون مع نفسه وروحه وذاته وينمو بها معتمداً على ثقته بالمستقبل ليجتاز هذه المعاناة بدون استسلام.

كيف نفهم العلاج بالمعنى؟

أ.   الإنسان كل متكامل مكون من العقل (النفس) والبدن (الإحساس) والروح، والروح هي ما تجعلنا نشعر بالحرية والمعنى.

ب. المعاناة هي التحدي الذي من خلاله تتكامل الشخصية البشرية ويصبح لوجودها معنى.

ج. الحرية الإنسانية، حيث أن الإنسان يستطيع أن يكون باستمرار حراً ليقرر ماذا سيكون، وكيف سيكون؟

يستطيع أن يواجه غرائزه واستعداداته وظروفه البيئية ومن هنا تنشأ مسؤوليته عن قراراته وحياته وكينونته وتفرده.

صاحب النظرية نموذج حقيقي لقوة العلاج بالمعنى:

لقد فقد الدكتور فرانكل (1905 - 1997) أبويه وأخوه وزوجته الحامل في معسكرات الاعتقال في ألمانيا أثناء الحرب العالمية الثانية وكان هو أيضاً ضمن المعتقلين في هذه المعسكرات.

وقد كتب فرانكل عدداً من الكتب أشهرها (من معسكر الموت إلى الوجودية) وكتاب (الإنسان يبحث عن المعنى) وهذا الكتاب قد بيع منه أكثر من 10 مليون نسخة، وهو من أكثر 10 كتب قراءة في العالم وفي هذا الكتاب إشارات إلى خطر الاستسلام وخاصة عدم الإيمان في المستقبل، وأهم فكرة قوية هنا هي عدم اليأس وأن المعاناة هي التي تعط معنى للوجود.

كيف تحدد معنى الحياة؟

1. لا تنتظر من الحياة أن تعطيك، لا تقلق بهذا، لكن عليك أن تنظر حولك وتشاهد ما الذي ينتظرك لكي تعمل، ما الذي ينتظرك كي تعطي، ما الذي تستطيع أن تعطيه أنت إلى الحياة وتقدمه؟ بدلاً من قلقك بشأن كل تلك الحياة، أو عطائها إليك.

2. الحياة للعيش وللعطاء، وإذا أردت أن تعرف ما هو معناك الشخصي للحياة عليك ما يلي:

أ. يومياً، دوّن ما يعطيك البهجة وكذلك الغضب.

ب. ادرس ردود أفعالك الأكثر تكراراً.

ج. استمع إلى نفسك وروحك.

د. قم بعمل موازنة لهذه الأمور، ثم تبيّن هل الإيمان بالله، وحبـك للخـالق عـز وجل، واعتقـادك بالمستقبل الأفضل هي أشياء موجودة في حياتك؟

إذا لم تكن موجودة، هل تعتقد أن المعنى الذي تعطيه لحياتك، يوفر لك معنى للحياة هـو أكثر من الشيء الذي نشاهده وأكثر من مجرد العيش البيولوجي والتمتع بالغرائز والشهوات، وأكثر من الاستسلام لقوى البيئة أو ظروفها.

هل أنت واعي لمسؤوليتك أما نفسك وأمام ضميرك وأمام اللـه؟ ثم هل لديك معنى للعمل وهل تستجيب لمواقف حياتك استجابة عملية وترغب في التميّز بعملك؟

قوة الشخصية

يقال أحياناً أن فلاناً (قوي الخصية) وأن فلاناً (ضعيف الشخصية) لا يمكن لـه أن يواجـه الموقف، فما هو الضعف!! وما هي القوة؟؟

إن ما يقصده الناس في هذا السياق لا يعد تصنيفاً للبشر ـ فمعيـارهم هنـا لا يعتـبر معيـاراً علمياً أو حتى منطقياً، لأنهم عرفوا الشخص الذي يتصادم مع الآخـرين بـالقوة، ورغـم أن هـذا يعد (عدوانية) وليس قوة، ثم إنهم قالوا عن الآخر، بأنه ضعيف الشخصية قاصدين أنه غـير قـادر عـلى مواجهة الموقف أو الشخص موضوع الخلاف، وبالطبع هذا ليس ضعفاً وإنما هـو هـدم القـدرة عـلى توكيد الذات، أو نقص في خبرات التواصل مع الآخرين، لكـن المعيـار الصـحيح لقـوة الشخصـية، والتـي تعرف عند علماء النفس (قوة الذات أو قوة الأنا) Ego strength.

1. يتصف الشخص ذو الذات أو الأنا القوية بأنه شخص يتحمل التهديد الخارجي (ومصـادره قـد تكون أشخاص، المجتمع، ظروف العمل، موقف ضاغط، مشكلة ما....الخ) ثم يقـوم بواجبـاته ووظائفه الحياتية بكفاءة واقتدار رغم وجود التهديد الطبيعي الذي يواجهه.

2. هذا الشخص، يشبع حاجاتـه العقليـة، والنفسـية، والاجتماعيـة، والبيولوجيـة، وفـق أنظمـة مجتمعه، ودينه، وثقافة حضارته، دون مشاعر الذنب والنقص والضيق والتوتر.

3. يتحكم في ضبط ذاته ونفسه، يتحكم في ضبط دوافعه ورغباتـه غـير الاجتماعيـة وغـير السـارة دون أي قلق.

4. يتصف بالتوازن وبالصلابة والمرونة، فلا هو صلب فيكسر، ولا ليناً فيعصر، ثم إن لديـه حلـولاً وسط، منطقية تساهم في تسهيل عملية التكيّف الإيجابي مع

المشكلات وليس التكيّف السلبي معها، (أي إدارتها ومواجهتها بعقلانية وليس التهرب منها أو إنكارها).

5. يخطط لحياته، يخطط لأنشطته، قادر على رؤية مستقبله وواقعه وحاضره بصورة واقعية.

6. يقدر ذاته، يشعر أنه يستحق الاهتمام، والاحترام، والتقدير، يقدر الآخرين ويهتم بهم.

كيف يمكن أن نعرف (قوي الذات)؟

إنه الشخص الذي يتمتع بصحة نفسية عالية، من خلال قدرته على ضبط انفعالاته ومشاعره ودوافعه وموازنتها مع الواقع الخارجي والذي يتمثل بالآخرين، والمجتمع، والأسرة، والأصدقاء أي بلغة العلم: "قدرة الذات الشعورية على أن تحتفظ بتوازن فعال بين الدوافع الداخلية والواقع الخارجي".

وهذا الشخص قوي الذات يتصف بالآتي:

أ. يتحمل الإحباط، والضغوط، والتهديد، والفشل.

ب. يؤجل الإشباع ويضبطه.

ج. يعدل في دوافعه الأنانية.

د. يفض صراعاته الداخلية قبل أن توصله إلى العصاب، والعصاب هنا هو عكس القوة، ويتعرف عليه من مشاعر القلق والضيق والتوتر ونقص الطاقة الإيجابية نحو الحياة والآخرين والعالم والذات.

هـ. يشعر بكفاءته، ويتصف برضاه عن ذاته.

و. يقوم بوظيفته بكفاءة وتوازن.

التكيّف والأحداث المتوقعة في الحياة:

إن الحياة رحلة، تبدأ من نقطة، لها غاية، إنها إحساس بالكينونة والوجود والمعنى، رحلة تطور مستمر، ومراحل، ومهمات وأدوار، ثم هناك عودة حتمية إلى نقطة البدء.

خلال هذه الرحلة يتطور الفرد، عبر ما يعرف بدورة الحياة، فمن مرحلة الرضاعة، إلى مرحلة الطفولة، إلى مرحلة المراهقة، إلى مرحلة الرشد، إلى مرحلة منتصف العمر، ثم إلى الشيخوخة وانتهاء بإغلاق الستارة إلى حيث الحقيقة الوحيدة التي لا يختلف عليها اثنان في هذا العالم وهي الموت.

خلال هذه الرحلة تنمو ذات الفرد، ثم تتشكل هويته، ثم تتبلور أفكاره ومعتقداته واتجاهاته، ينظر إلى العالم بمنظار خاص، يفهم أحدث حياته بطريقة خاصة، يجاهد للتكيّف مع أحداث عالمه الخارجي والداخلي، يحلق أحياناً بخيالاته فوق مشكلاته، وتارة يلمسها، ويتفاعل معها، ومرات تكسبه انسحاباً ثم قلقاً وتوتراً.

يختلف الأفراد في قدراتهم وخبراتهم وتفسيراتهم لما يشاهدون، أو لما يواجهون، فالهوية المنهزمة، تسير بصاحبها إلى حديث مشاعر القلق والضيق والسلبية، أما الهوية الناجحة فتسير بصاحبها نحو التكيّف الإيجابي النشط، محدثاً هذا الفرد جلداً وصبراً ونمواً وفهماً للوصول إلى تحقيق أهدافه، راضياً عن ذاته، مفعلاً قدراته، مشاهداً لخياراته بوضوح وبصيرة.

إن الشخص المتكيف قادراً على:

أ.   يفهم أن الحياة محطات ومراحل ونمو وتسلسل أحداث ومتطلبات وواجبات وأدوار، وفيها صعوبات وعراقيل ومشكلات، يروضها، يتفاعل معها، يعالجها، يهضمها، يذوبها ويستفيد منها، ساعياً وراء تحقيق ذاته وهويته.

ب.   يفهم أن هناك أحداثاً تأتي بغير موعدها أو غير توقيتها المناسب، كوفاة قريب، أو فقد وظيفة، كارثة، مصيبة، هنا يتعامل معها بعقلانية وصبر وحكمة، وإنها ليست نهاية العالم أو نهاية الكون أو نهاية المسرحية.

ج.   يتعامل مع كل مرحلة انتقالية في حياته، على أساس أنها مرحلة تحويلية، مكملة للمرحلة السابقة، واضعة إياه على بوابة جديدة فيها الاكتشاف والدهشة والحب والرضا والسعادة، وفيها المعيقات، والمتطلبات، والأزمات، وعليه أن يحسن إدارتها وتوجيهها بدلاً من أن يتركها توجهه وتقيّده بأغلالها.

د.   هو قائد أوركسترا مشاعره وأحاسيسه.

ه.   يستلهم من دينه وإيمانه بالله عز وجل معنى حياته.

و.   لا ينشغل بالتحول أو الانتقال من مرحلة عمرية إلى أخرى بل يسعى إلى الاندماج الكلي مع نفسه وواقعه وإحساسه كوحدة متكاملة قادرة على التكيّف مع المرحلة الجديدة.

ز.   قادر على استغلال الأنظمة المدعمة في بيئة الاجتماعية مثل: بناء العلاقات الحميمة مع الأصدقاء، والأسرة السعيدة، وينال دعم الشخص المهيمن في حياته، ويلتزم بقوانين مجتمعه.

ح. تملك أفكار عقلانية ومنطقية عن الحياة ومراحلها وفترات الانتقال والتحول خلالها.

الاكتئاب:

هل الاكتئاب مرض؟ وهل هو معدي كالأمراض الميكروبية؟ وهل نحن حقاً مكتئبين؟

في الواقع إن العصر الذي نعيش فيه، هو عصر الاكتئاب، خاصة نظراً للآثار السلبية الناتجة عن الضغوط النفسية وأشكال الإحباط التي أفرزها السباق المحموم بين البشر نحو السيطرة واكتساب المال والفلوس، وانتشار النزعة المحلية الإقليمية والدولية بين شعوب العالم، والصراعات غير المنتهية السياسية والاقتصادية والاجتماعية، ثم إن عدم الاكتراث والاهتمام بالجوانب العاطفية والمشاعرية والعلاقات الإنسانية، والإسراف في الأنانية والفردية وتدهور القيم الروحية والأخلاقية كل هذه العوامل ساهمت في جعل الاكتئاب عنواناً لهذا العصر الذي نعيش.

ما هو الاكتئاب؟؟

عرف الاكتئاب منذ القدم، ومنذ الطبيب اليوناني (هيبو قراط) في القرن الرابع قبل الميلاد حيث وصف بعض الحالات بالسوداوية.

والاكتئاب خبرة إنسانية شائعة، إذن هو ليس مرض ميكروبي، لكن كل فرد من البشر يمر في مرحلة ما من حياته بخبرة اكتئابه، وتختلف هذه الخبرة الاكتئابية من فرد لآخر، فقد يشعر الفرد بتثبيط الهمة البسيط والكآبة، وقد يشعر بالقنوط والجزع واليأس والحزن والسأم والعزلة وعدم الإحساس بالسعادة، واضطراب علاقات الفرد بالآخرين، وقلة الحيلة وانخفاض الحماس.

أسبابه:

1. زيادة متوسطات أعمار الإنسان.

2. زيادة الأمراض المزمنة التي تؤدي إلى الاكتئاب.

3. وجود أعراض جانبية ناتجة عن استعمال بعض الأدوية.

4. التغيرات الاجتماعية، والتفاوت في المستوى الاقتصادي.

5. الضغوطات النفسية الناتجة عن الظروف الخارجية والمحيطة بالفرد.

6. الحروب والكوارث والمصائب والمشكلات الخطيرة والجسيمة.

خطورته:

يعتبر الاكتئاب من أكثر الاضطرابات النفسية خطورة، وذلك لزيادة عدد الوفيات بين المصابين به، والتي ترجع إلى الانتحار، لأنه يرتبط ارتباطاً وثيقاً به، ثم إن الاكتئاب يؤثر على جهاز المناعة لدى الإنسان، ومن خطورته أيضاً أنه يصيبه كل شرائح المجتمع بغض النظر عن العمر والجنس والمهنة والطبقة الاجتماعية.

إن الاكتئاب يعتبر من الاضطرابات التي تعيق الفرد من اهتماماته ودافعيته وتتسبب في تدميره، ويمكن التعرف عليه بسهولة من أعراض مثل التغيير في المزاج، والحزن، الوحدة، المفهوم السلبي عن الذات، رغبات في عقاب الذات والهروب والاختفاء والموت، ثم من خلال تغيرات في النشاط، صعوبة في النوم، ضعف التركيز، ضعف في المعنويات، فقدان الحماسة.

الاكتئاب والعلاج:

1. يمثل طلاب العلم بكل المراحل وكافة المستويات القوة البشرية المتعلمة التي يقع عليها عبء تطوير المجتمع وإنجاز تحدياته، لذا فإن التعليم والمطالعة، والتزويد بالعلم والتثقيف تعتبر عوامل مساعدة في الوقاية والتحصن ضد الاكتئاب، لكن علينا أن لا ننخدع إذا علمنا أن العديد من المشكلات السلوكية التي تلاحظ عند الشباب، يكون وراءها اكتئاب مقنع ومن هذه المشكلات:

- الملل والضجر.

- الشعور بالإجهاد.

- صعوبة التركيز.

- السلوك المنحرف.

- التصور المتدني للذات.

- فقدان الاهتمام بالأعمال الدراسية.

- العصيان والتمرد.

- الإدمان.

- الخمول والكسل.

- اضطرابات الشخصية.

- فقدان الشهية.

- الأرق وقلة النوم.

- الغضب وسرعة التهيج.

- الشكاوي الجسمية.

- العجز وانخفاض تأكيد الذات.

2. لا بد من بث مشاعر السعادة، والإحساس بالبهجة ويكون ذلك من خلال الترفيه، الفهم الواضح للحياة، التخطيط للتجديد، الابتعاد عن الروتين والنمطية في الحياة، وإعطائها معنى واقعياً مبهجاً.

3. التعود والمداومة وترويض النفس على التحمل، ومواجهة المشكلات، والعقلانية في الفهم، والثقة بالنفس وبالقدرات الشخصية.

4. ملاحظة التغيرات الممكن أن تكون قد طرأت في نفسية الفرد، وتفريغ الطاقة الانفعالية أولاً بأول.

5. الإيمان بالقضاء والقدر، الإيمان بالله، والعبادة والتدين والروحانية.

6. البحث عن مصادر تعزيز ذاتي، ويعزز بها الفرد سلوكه الإيجابي وتفاعلاته النشطة مع الحياة ومهماتها، كأن يقوم برحلة بعد دراسة جيدة قام بها، أو أن يذهب إلى مسرحية بعد أن أداء مهمة عمل وإنجاز شيء مطلوب منه كأن قد أخذ وقتاً وجهداً، والفرد دائماً يبحث عن التعزيز المرغوب يه في حياته، ويمكن أن يعتني بوجود قائمة عريضة من المعززات المرغوبة لديه، ويحسن استخدامها مع ذاته، مع أبنائه حسب معززاتهم المرغوبة أيضاً، ثم وعي الفرد في بيئته بكافة جوانبها، هل يحتوي على معززات أم أشكال من العقاب!!

7. إن مهارات التكيّف الفعال مع الأحداث غير السارة في الحياة، بحاجة من الفرد إلى زيادة التركيز عليها، والتدرب على ممارستها، فالحديث الذاتي

الإيجابي، والتدعيم الذاتي الإيجابي، وفهم الحياة، وهم الذات، وفهم الآخرين كلها عوامل تساعد على التكيّف الإيجابي المطلوب.

8. يكون الشخص أكثر اكتئاباً كلما أدرك أن فشله بسبب عجزه، ويفسر عجزه في حالتي النجاح أو الفشل على أنه إما داخلي أو خارجي، كيف ذلك؟

عزو الفشل إلى ما هو داخلي:

مثال:

يقول عن ذاته: "إنه مخطئ، كثير الأخطاء....الخ".

وعندما يعزو النجاح إلى ما هو خارجي، فإنه يقول عن نفسه بأنه: محظوظ....

بالطبع نلاحظ هنا أنه لا يؤمن بقدراته، ويفسرها خارجياً.

هنا يكون العلاج من خلال العودة إلى الاستبصار الداخلي لما يدور من أفكار ومعتقدات وحديث ذاتي للفرد، ثم إعادة صياغة وإدارة هذا الحديث ليكون أكثر إيجابية.

- قل لنفسك: أنا جيد.
- أنا لست مخطئاً.
- أنا قادر على أن....
- أنا سعيد.....

- غير في معتقداتك، أفكارك، عن ذاتك أولاً، وحسنها، ثم عن الآخرين والعالم.

- قل لنفسك: أنا جيد، والعالم جيد...

- فيه السعادة...

- الآخرون جيدون... وهكذا....

- غير في معتقداتك عن نفسك بأنك شخص عاجز.

- لا تكثر من اتهامك لذاتك على أنك مصدر الكآبة والحزن.

- لا تعمم توقعاتك عن فشلك، واعلم أن لكل إنسان هفوة، أو كبوة، وليس معناها أن العالم قد انتهى.

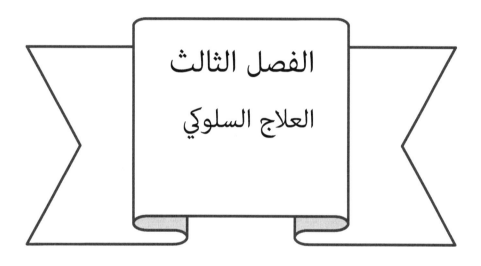

الفصل الثالث

العلاج السلوكي

العلاج السلوكي

يهتم الإنسان عادة في السلوك وتغيّر السلوك منذ أن خلق على وجه الأرض فإنسان الزمان الأول الذي عاش في الكهوف كان يدفع إلى البحث عن الطعام نتيجة الشعور بالجوع، وبالتالي كان يجد بعض الطعام أفضل وأزكى من بعض الطعام الآخر، مما يجعله ينوي الرجوع إلى الطعام الأطيب في المرات القادمة.

وهذا ببساطة ما فسره سكنر Skinner من خلال مبادئ الإشراط الإجرائي حيث ركز على دراسة الشخصية وتغيير السلوك من خلال التعزيز ومفاهيم ومبادئ تعديل السلوك.

بدأت عملية دراسة قوانين التعلم وتطبيقاتها على السلوك من خلال المناهج التجريبية منذ عهد إيفان بافلوف Ivan Pavlov في روسيا ثم ثورندايك Thorndike ثم واطسون Watson ثم تولمان Tolman ثم جورج جاثري Guthrie ثم كارل هل Hull وأخيراً يورس فريدريك سكنر Skinner (Shilling,1984).

في عام 1960 طور ألبرت باندورا Bandura نظرية التعلم الاجتماعي، والتي تربط كل من الاشتراط الإجرائي مع الاشتراط الكلاسيكي من خلال التعلم بالملاحظة، ومن ثم تطور الأمر إلى العلاج المعرفي السلوكي والذي اعتمد في أساسه على نظريات التعلم والأسلوب العلمي.

يعتبر سكنر Skinner هو رائد العلاج السلوكي من خلال دراسات في السلوك الإجرائي وسماه كذلك لأن السلوك هو الذي يؤثر في البيئة، فقد اكتشف سكنر أن الاستجابات السلوكية الإجرائية عادة تتبع بمثيرات متعددة ومتنوعة تسمى (تعزيزات) مما ينتج عن ذلك تأثيرات متنوعة بشأن التعلم.

حيث ولد سكنر في إحدى مدن بنسلفانيا الصغيرة وكان أبوه يمارس المحاماة، ويذكر أنه أمضى سنواته المبكرة في بيئة مستقرة تتسم بالدفء والمودة، وكان يتلقى الإثابة على اجتهاده كلما استحق ذلك يقول عن نفسه: "لم يعاقبني أبي عقاباً جسدياً طوال حياتي، إلاّ أن أمي عاقبتني مرة واحدة حيث غسلت فمي بالصابون عندما تلفظت بكلمة بدائية"، حصل سكنر على درجة البكالوريوس في الأدب الإنجليزي ثم درس ماجستير علم النفس وحصل على درجة دكتوراه عام 1931.

عمل في جامعة هارفرد نشر كتابه سلوك الكائنات عام 1938 ثم رواية بعنوان Walden Two وكانت وصفاً لبيئة مثالية على المبادئ السلوكية للتعلم.

لقد تطورت السلوكية ضمن ثلاثة مجالات رئيسية هي:

- **منهج الإشراط الكلاسيكي**: والذي يؤكد على السلوك الاستجابي ومن خلال التجارب التي أجريت على الحيوانات استخدم كل من ولب Wolpe ولازاروس Lazarus من جنوب إفريقيا، وكذلك هانز إيزنك (Eysenck) من إنجلترا التطبيقات العلاجية للإشراط الكلاسيكي في علاج المخاوف المرضية مركزين على مبادئ التحليل التجريبي السلوكي وتقييم الإجراءات العلاجية.

- **منهج الإشراط الإجرائي**: والذي يتكوّن من السلوكات والأفعال التي تؤثر في البيئة بهدف الحصول على نتائج مثال ذلك سلوك القراءة والكتابة والقيادة السيارة، وتناول الطعام، وهذه السلوكات تشمل الكثير من الاستجابات بحيث تتكرر في حياتنا اليومية بشكل واضح، فإذا ما عزز ذلك السلوك فإن احتمال أن يكرره الفرد احتمالاً

قوياً مما يؤدي إلى تقوية السلوك في المستقبل، أما إذا لم يعزز ذلك السلوك فإن الاحتمال أن يكرره الفرد احتمالاً قوياً مـما يـؤدي إلى تقويـة السـلوك في المسـتقبل، أمـا إذا لم يعـزز ذلك السلوك فإن الاحتمال الوارد هو اختفاء وعدم ظهور ذلك السلوك مرة أخرى.

وقد درس سكنر استخدام مبادئ الإشراط الإجرائي مـع مـرضى الـذهان في الولايـات المتحـدة وخلص إلى أن ضبط السلوك يعتمد أساساً على مبادئ الإشراط الإجرائي، والذي يعتمـد عـلى افتراض أن التغيرات في السلوك تعتمد على ما يتبع ذلك السلوك من نتائج، وقد اعتمد سكنر في مبادئ الإشراط الإجرائي على قوانين التعزيز السلبي الإيجابي ونظريات الـتعلم، حيث عـرف التعزيز الإيجابي بأنـه أي مثير يسعى للحصول عليه مثل الطعام، أما التعزيز السلبي فهو إنهاء حالة غير مرغوب بها وهو بشكل عام غير مرضي ولا يشعر الفرد بأنه ممتع، وهو أي مثير يدفع الفرد لإظهار السـلوك المرغوب بـه مـن أجل تجنب حالة سلبية غير سارة.

• **العلاج السلوكي المعـرفي Cognitive – behavior therapy**: لقـد أبعـد واستثنى الإشراط الكلاسيكي والإشراط الإجرائي المفاهيم الوسطية مثل التفكير والاتجاهات والقيم والتي هي ربما نتيجة لردة فعل عكسية لمنهج الدوافع النفسية المركز عـلى أهميـة الاستبصار وبالتـالي فقـد امتدت السلوكية لتشمل العوامـل المعرفيـة وإعطائهـا دوراً في فهـم وعـلاج السـلوك الإنسـاني وأهم رواد هذا الاتجاه باندورا، ولازاروس، والعالم المخضرم بيك Beek.

مفاهيم أساسية في الاتجاه السلوكي:

• **الإشراط الكلاسيكي Classical Conditioning**: الذي يصف قوانين التعلم المتعلقة بالسـلوك الاستجابي، وكيف تصبح المثيرات الحياديـة قـادرة عـلى التـأثير في السـلوك مـن خـلال اقترانهـا بالمثيرات غير الشرطية.

• **الإشراط الإجرائي Operant Conditioning**: النموذج السـلوكي الـذي يصـف قـوانين الـتعلم المتعلقة بالسلوك الإجرائي وهو يشتمل على تحليل

وإيضاح الميكانزمات التي تعمل توابع السلوك من خلالها على زيادة أو تقليل احتمال حدوثه في المستقبل.

- **التدريب على تأكيد الذات Assertiveness training**: وهو إجراء يركز على اكتساب بعض المهارات العملية والذي يهدف إلى تمكين الفرد من إعطاء الآخرين حقوقهم مع الحفاظ على حقه.

- **العلاج السلوكي Behavior Therapy**: هو المنهج العلاجي الذي يشمل تطبيقات مبادئ التعلم بهدف تغيير السلوك.

- **الإشراط التنفيري Conditioning Aversive**: ويشمل هذا التكنيك على اقتران بعض الأعراض غير المرغوب بها عند المسترشد مع مثيرات مؤلمة تؤدي بالتالي إلى تقليل احتمال ظهور السلوك.

- **الإشراط المضاد Counter Conditioning**: وهو أسلوب يقدم فيه المعالج مثيرات غير شرطية بحيث تستجر استجابة غير شرطية بحيث تكون متعارضة معها وعلى النقيض منها تعمل في النهاية على إضفاء الاستجابة الشرطية مثال ذلك الاسترخاء العضلي يتعارض مع الخوف ويؤدي إلى تعلم الاسترخاء.

- **تقليل الحساسية التدريجي أو ما يعرف بالتحصين التدريبي Desensitization**: وهو أسلوب سوكي من شأنه أن يؤدي إلى تقليل شدة القلق من خلال الاسترخاء والإشراط المضاد، وذلك بتقديم مثيرات تتراوح من مثيرة للقلق بدرجة متدنية إلى مثيرة للقلق بدرجة عالية.

- **التعميم Generalization**: إن تعزيز السلوك في موقف معين يزيد من احتمال حدوثه في المواقف المماثلة ويزيد أيضاً من احتمال حدوث السلوكات المماثلة للسلوك الأصلي.

- **التمييز Discrimination**: سلوك الفرد على نحو معين في مواقف معينة وسلوكه على نحو آخر في المواقف الأخرى، وهو يتطور نتيجة للتعزيز التفاضلي، أي السلوك في موقف ما وعدم تعزيزه (إطفاؤه) أو معاقبته في مواقف أخرى.

- **التعزيز Reinforcement**: هو أي مثير من شأنه أن يؤدي إلى تقوية وزيادة احتمال حدوث السلوك أو الاستجابة في المستقبل، ويأخذ شكل التعزيز الإيجابي السلبي.

- **العقاب Punishment**: هو أي إجراء يؤدي إلى تقليل احتمال حدوث السلوك في المستقبل ويأخذ شكل إزالة مثيرات معززة أو إضافة مثيرات مكروهة.

- **المحو والإطفاء Extinction**: هو إجراء لتقليل السلوك غير المرغوب فيه ويشمل إيقاف المعززات التي كانت تعمل في الماضي على استمرارية السلوك.

النظرة السلوكية للطبيعة الإنسانية View of Human Nature:

يعتقد السلوكيون بأن معظم سلوك الإنسان متعلم وأن الإنسان لا يكون بطبعه شريراً أو ملاكاً، فهو يولد صفحة بيضاء حتى تبدأ البيئة والآخرين من حوله يخطون على تلك الصفحة إما خيراً وإما شراً ويتم تعلم السلوك من خلال التفاعل مع البيئة، وهناك القليل جداً من السلوكات تحدد من خلال الوراثة أو من خلال تفاعل البيئة والوراثة وخلافاً عن الحيوانات فإن للإنسان القدرة المعرفية لخلق استجابات جديدة.

وينظر السلوكيون إلى سلوك الإنسان باعتباره وظيفة للبيئة والوراثة وتسمى وجهة النظر هذه بالحتمية determinism بمعنى أن الإنسان ليس له الخيار في تحديد نمط سلوكه بل إن سلوكه مضبوط بعوامل خارجية لا يستطيع

السيطرة عليها، وليس هناك وجهة عامة تشير إلى أن الإنسان يميل إلى الخير أو الشر فالفرد يصبح خيراً أو شريراً بسبب ما يتعلمه من البيئة، إن البيئة الشخصية مثل مفهوم الذات والأنا واللاشعور ليس لها معنى في وصف طبيعة الإنسان عند السلوكيين، فهم لا ينكرون وجود مثل هذه الميكانيزمات ولكنهم يقولون إذا كانت موجودة فإن من المستحيل على المرشد أن يلاحظها، إن وصف الإنسان كشخص لديه القدرة على التعلم من خلال الإشراط هو الأساس في منهج الإرشاد السلوكي.

نمو الشخصية Development of Personality:

يولي السلوكيون اهتماماً قليلاً بنظرية الشخصية لأنه حسب وجهة نظرهم فإن الأبنية الافتراضية التي تعتبر الأساس لنظرية الشخصية لا تقدم المساعدة في تطور تقنيات تغيير السلوك، وهناك سخرية من نظرية الشخصية لأنه – كما يقولون – لأن الأخصائي الإكلينيكي يميل إلى تكييف الشخص أو السلوك بالنظرية أكثر من تعديل النظرية لتتطابق مع الواقع، وعلى أي حال فإن السلوكيين مهتمين بالتحديد والتنبؤ وتغيير السلوك وليس في تسمية الأفراد أو ابتكار الأبنية الافتراضية لشرح ما يمكن أن يلاحظ، ولأن السلوكيين لا يهتمون بأبنية الشخصية فإن لديهم القليل لأن يتكلموا عن نمو الشخصية فهم يفكرون أكثر بلغة السلوك وأنماط السلوك وهم مهتمين أكثر في التنبؤ بالسلوك أكثر من وصف الشخصية.

وحسب نظرية التعلم فإن الفرد يتعلم بأنه يكافئ أو يعاقب حسب طبيعة الموقف أو البيئة النفسية.

هناك عدة معتقدات عامة للنظرية السلوكية في الشخصية:

1.   سلوك الأفراد ليس ظواهر عقلية ويحدد التعلم، الاتجاهات، والمظاهر الأخرى للنمو الشخصي.

2. نمو الشخصية يعتبر محدداً ومحتوماً حيث أن البيئة والخبرات تحدد كيف أن الشخصية تتطور.

3. تنشأ الفروق الفردية من الخبرات المختلفة.

4. لا تتضمن الثنائيات مثل (العقل - الجسم)، (الجسم - الروح)، (الجسم - النفس) صدقاً علمياً في التنبؤ وضبط سلوك الإنسان.

5. بالرغم من تأثير الوراثة محدود جداً في نمو الشخصية فإن تأثيرات المثيرات البيئية تلعب دوراً رئيساً في نمو الشخصية.

وبالنسبة لسكنر فإن مفهوم الذات يمثل نظام متكامل من الاستجابات وأن معرفة الفرد بالذات هو بمثابة وصفه لسلوكه، كما ينظر سكنر إلى مفهوم الذات كفروق في العمليات أو المتغيرات المستقلة التي يعرّض لها الفرد وهنا عدد من المبادئ تتعلق بالتعزيز الإجرائي لنمو الشخصية واستمرار نموها:

1. تكسب شخصية الفرد من خلال استعمال المعززات، فبالإضافة إلى المعززات الإيجابية فإن هناك معززات شرطية مثل المديح الاجتماعي لتشكيل الشخصية.

2. يتغيّر السلوك عن طريق وقف التعزيز وتسمى تلك العملية بالانطفاء.

3. تتطور الشخصية عن طريق عمليّة التمييز والتعميم.

4. تطوّر النمذجة عدد من المظاهر الشخصية.

ويمكن القول أن سلوك الأفراد هو نتاج البيئة فقط، فهو لا يؤكد على الأهمية العملية للفروق البيولوجية لأن هذا التغاير في علم السلوك لا يقع تحت إمكانية الضبط السلوكي، وعند التحدث عن متغيرات الاستجابة فإن سكنر يهتم بشكل أساسي ببساطتها وتحديدها للسلوك، لذا نجد سكنر قد ركز على ثلاثة

عوامل متباينة الأهمية في بناء ونمو الشخصية، فبينما قد قلل وحذّر من التركيز على العوامل الوراثية الجينية في تشكيل السلوك، نراه قد أعطى الأهمية العظمى للبيئة والخبرات السابقة في تحديد شخصية الفرد.

نمو وتطور السلوك اللاسوي Development of Maladaptive behavior:

تعتبر السلوكية النظرية الأولى التي تهمل دور المفاهيم والأسباب الداخلية، لتركز على السلوك الظاهر (أو الأعراض) كما تهمل دور اللاوعي، والأسباب الكامنة وراء القلق، فقد أوضح سكنر أن ليس هناك جدوى وراء التركيز على وجود الحالات الانفعالية غير الملاحظة وبالتالي حسابها على أساس أنها سلوك مرضي أو غير سوي فهو ينفي كل الأسباب الافتراضية ذات المرجع الداخلي باعتبارها أهداف علاجية، فالاختلاف بين السلوك السوي والسلوك اللاسوي هو نتيجة للاختلاف في أنماط وأشكال التعزيز التي يتوقعا الفرد.

فالسلوكيات اللاتكيّفية هي سلوكات متعلمة وتتطور بالطريقة نفسها التي يتطور فيها السلوك السوي، فليس المهم هناك حدود فاصلة ما بين السلوك السوي أو غير السوي أو غير تكيّفي فالمعيار الذي يمكن أن نحكم من خلاله على سوية أم عدم سوية السلوك هو المعيار الاجتماعي، فالمعايير الثقافية تختلف من ثقافة لأخرى ومن مجتمع لآخر، فالسلوك المقبول لدى جماعة معينة قد لا يكون مقبولاً لدى جماعة أخرى.

بالرغم من أن النظريات الاستجابية والإجرائية للسلوك اللاسوي صنفت لأغراض التوضيح فإنها دمجت أو التقت في النتائج السلوكية، فالسلوكات اللاسوية هي مثل السلوكات السوية متعلّمة، إن سوء التكيّف يعتبر محدد بالنسبة للثقافة والزمن والطبقة الاجتماعية والموقف، فالاختلاف هو أن الفرد قادر على الحصول على التعزيز من الأشخاص الآخرين في حياته.

كيف يصبح الناس مرضى؟ يعتقد السلوكيون أن الناس سيتعلمون إما بالوسائل الاستجابية أو بالوسائل الإجرائية، ومن ثم فإن السلوك اللاسوي يتم تعلمه إما من خـلال زيـادة التعزيـز الإيجابي أو بتقليل المثيرات المنفرة، والعمل في العلاج النفسي أفضل مثال على الشخص الـذي يحصل عـلى الانتباه بشكل أكثر للسلوك اللاسوي، ومعظم المشاكل الانفعالية ما هي إلا ردود فعل للضبط الزائد، والبيئـة العقابية، فالخوف نتيجة مقترنة أو مشروطة بالعقاب ويستجر انفعالات مشروطة بيئياً مثـل الشـعور بالذنب والاكتئاب والغضب كالشعور بالذنب والاكتئاب يؤديان إلى حالة القلق، ويعرف القلق سـلوكياً بأنه استجابة تلقائية للمثيرات المؤذية وهـو لا سـوي في الظروف التـي لا يوجـد فيهـا تهديـد بشكل موضوعي، وفي المفاهيم الاستجابية فإن ردود فعل القلق ربما تغير ردود الفعل الفسيولوجية كضغط الدم، معدل النبض أما حسب وجهة النظر الإجرائية فإن هذه ربما تسـتجر العصـبية ومشـاعر القلـق، والنشاط الزائد، وهناك مجموعتان من السلوكات اللاسوية:

الأولى: يتم تعلمها من خلال الإشراط الاستجابي، حيث يقترن المثير المنفر بمثير محايد.

الثانية: يتم تعلمها من خلال الإشراط الإجرائي حيث تشكل أنماط السلوكات اللاسوية وتـزداد وتستجر من خلال التعزيز.

ويرى كل من دولارد وميلر (Miller & Dollard) بأن الاضطراب العصبي يمثل التعبيـر عـن المتناقضات المكتسبة التي لا يمكن الوصول إليها من خلال المعرفة الشفوية، فالاضطرابات العصبية هي نتيجة التضارب في مرحلة التطور، فعلى الأطفال أن يتعلموا المخرجات الاجتماعيـة المقبولـة لـدوافعهم وعلى الأخص مواقف التعلم، فالمشاكل الانفعالية للفرد هي التي تسبب الصراعات اللاشعورية والتـي تسبب العصاب فيما بعد.

وبشكل عام فإن هناك ثلاثة أسئلة يجب على المعالج السلوكي أن يجيب عليها وهي:

1. ما هو الجانب غير التكيفي في السلوك وما هو مدى تكرار حدوثه (تعريف وتحديد السلوك اللاتكيفي).

2. ما هـي المواقـف والأبعـاد أو الأحـداث البيئيـة التـي تـدعم وتسـاعد علـى ظهـور الأعـراض (الأسباب).

3. ما هي المواقف أو الأحداث البيئية أو الأشخاص ذات العلاقة بعملية العلاج (طريقة وأسلوب العلاج).

خصائص العلاج السلوكي Characteristics of Behavior Therapy:

إن أهم ما يميز العلاج السلوكي هو إيلاء الأهميـة والأولويـة للسـلوك الظـاهر والتركيـز علـى أهمية التعلم باعتبار أن العلاج عملية نشيطة وموجهة إضافة إلى أهميـة التقيـيم والتشـخيص، وفيمـا يلي أهم خصائص العلاج السلوكي.

1. إن معظم السلوك غير السـوي أو الشـاذ (Abnormal) هـو مكتسـب بـنفس الطريقـة التـي يكتسب بها السلوك السوي.

2. إن معظم السلوكات غير السوية يمكن تعديلها من خلال تطبيق مبادئ التعلم الاجتماعي.

3. إن عملية التقييم عملية مستمرة وتركز على محددات السلوك بشكل أساسي.

4. يوصف الأفراد بشكل أفضل من خلال تفكيرهم ومشاعرهم وبعض الأعمال والمواقف المحددة في حياتهم.

5. يشتق العلاج من خلال النتائج العلمية لعلم النفس التجريبي.

6. إن طرق العلاج محددة بدقة ويمكن إعادة تطبيقها.

7. إن العلاج السلوكي علاجاً فردياً ويمكن تعميمه على مختلف المشاكل ومختلف الأفراد.

8. تتضمن طرق وأهداف العلاج الالتزام بعقد سلوكي يلتزم من خلاله المسترشد بالأساليب العلاجية.

9. تساهم الأبحاث في تقييم فعالية أساليب العلاج بعد تطبيقاتها على أفراد يعانون من مشكلات محددة.

10. تقييم فعالية العلاج أو المخرجات من خلال ما يلي:

أ. الاستدلال على تغير السلوك Induction of behavior change.

ب. تعميم السلوك المكتسب والمرغوب فيه على مواقف الحياة الحقيقية.

ج. أن يحافظ المعالج على سلوكه الذي اكتسبه بعد العلاج طوال الوقت.

مراحل العملية الإرشادية Counseling Process:

يسعى المعالج من خلال برامج وإجراءات تعديل السلوك إلى الضبط التدريجي للمثيرات البيئية بهدف تشكيل سلوك جديد أو إطفاء سلوك غير مرغوب وذلك بهدف الحفاظ على تكيّف الفرد، نظرياً فإن العملية الإرشاديّة تركز على تغيّر المثيرات باعتبار أن السلوك سوف يتغيّر، أما عملياً فإن إدارة تغيير المثيرات بشكل فعال تشمل الخطوات التالية:

1. تحديد وتعريف البعد السلوكي المشكل بما في ذلك الاستجابات غـير التكيّفيـة والمواقـف التـي ترافق ذلك السلوك وتحصل فيه.

2. تحديد الأهداف السلوكية العامة والتي تشمل أيضاً تحديد السلوكات ذات الأهداف الجزئيّـة وتحديد فيما إذا يجب زيادة معدل حـدوث السـلوك أو تقليـل معـدل عـدد مـرات حـدوث السلوك.

3. تطوير مقيـاس سـلوكي آخـذاً بعـين الاعتبـار أهميـة قيـاس بدايـة العـلاج أو الخـط القاعدي، ولتحديد مدى فعالية العلاج.

4. الاعتماد أيضاً على الملاحظـات الطبيعيـة والتـي تشـمل ملاحظـة المسترشـدين ضـمن السياق البيئي الطبيعي الذي يعيشون فيه.

5. تعديل المثيرات التي من شأنها أن تؤثر على ظروف العلاج من خلال حجب أو منع المعـززات التي تقود إلى ذلك المثير أو منح فرصة تعزيز لظهور السلوكات التي ترتبط بذلك المثير.

6. مراقبة النتائج من خلال الاستمرار في تسـجيل البيانـات عـلى خارطـة رسـم بيـاني يوضـح من خلالها مدى التقدم ومقارنة النتائج العلاجية أولاً بأول مع نتائج السـلوك عنـد تحديـد الخـط القاعدي.

وتؤثر على المرحلة الأولى وهي التقييم سبعة عوامل أساسية يجب أخذها بعـين الاعتبـار لمـا لها من أهمية في تشخيص سلوك المسترشد ومعرفة ماهية العوامل المؤثرة فيه (Shilling, 1984):

1. تحليل المشكلة السلوكية كما يراها المسترشد نفسه.

2. تحليل السياق البيئي الذي تحدث من خلاله المشكلة.

3. تحليل دافعية المسترشد للعلاج.

4.   تحليل تاريخ المسترشد النمائي.

5.   تحليل قدرة المسترشد على الضبط الذاتي.

6.   تحليل علاقات المسترشد الاجتماعية.

7.   تحليل قدرة الفرد الجسمية وبيئته الاجتماعية والثقافية.

ومن المعايير التي يمكن من خلالها الحكم على فعالية أهداف الإرشاد السلوكي:

1.   رغبة المسترشد في تحقيق الأهداف.

2.   قدرة ومهارة المرشد في تعليم المهارات وتدريب المسترشد عليها.

3.   إمكانية قياس وتقييم درجة تحقق الأهداف.

4.   أخذ بعين الاعتبار انسجام الأهداف مع الظروف البيئية وإمكانية تحقيقها.

5.   تقسيم وتجزئة الأهداف العامة إلى أهداف جزئية (سلوكية) ممكنة.

وفي مرحلة تطبيق الأساليب العلاجية يقوم المرشد بتعريف المسترشد بالأسلوب العلاجي الذي سينوي تطبيقه باعتباره أفضل وأنسب إستراتيجية تعليمية يمكن أن تحقق نتائج مرغوبة وسريعة ويعتمد اختيار الأسلوب العلاجي على عملية التقييم الأولي أو تشخيص المشكلة ومن ثم على المعلومات التي تم جمعها بشأن العميل والظروف وكذلك بناءً على أهداف العملية العلاجية، هذا بالإضافة إلى طبيعة البيئة الخارجية والداخلية للمسترشد.

وأخيراً فإن مرحلة التقييم هي عملية مستمرة أكثر من كون أن السلوك المنوي تعديله قد تحقق في نهاية عملية الإرشاد كما أن مرحلة الإنهاء لا تقف عند انتهاء العملية العلاجية بل هي مرحلة تشمل عدة مراحل جزئية أخرى هي:

1. تقييم واختبار سلوك المسترشد الحالي (بعد إنهاء عملية العلاج) ومقارنته مع الأهداف السلوكية التي وضعت لتحديد مدى تحقق تلك الأهداف.

2. اكتشاف مدى حاجة المسترشد للمزيد من الإرشاد.

3. مساعدة المسترشد لتعميم وانتقال أثر التدريب خلال عملية الإرشاد إلى مختلف مواقف الحياة.

4. التغذية الراجعة المستمرة لمدى استمرارية المسترشد في تنفيذ الإجراءات العلاجية من خلال مراقبته لذاته ومراقبة المعالج له ضمن مواقف الحياة الطبيعية ما أمكن ذلك.

أهداف العملية الإرشادية Goals of counseling:

تعتبر أهداف الإرشاد السلوكي أهدافاً سلوكية فردية تتعلق بالعميل فليس هناك صياغة لأهداف شاملة لكل المسترشدبن، حيث تعتبر الأهداف أكثر شخصية كون المعالج أكثر شخصية وقد قدمت الأمثلة التي تتعلق بالأهداف معتمدة على مشاكل محددة من قبل كروميلتر وثورسون (Krumbolts & Thorsen, 1976) ولخصها لافليور (Lafleur, 1979)، وهي كما يلي:

1. حتى عندما تكون المشكلة تتعلق بسلوك لشخص آخر فإن المرشد يجب أن يراها على أنها مشكلة للمسترشد أيضاً وفي هذه الحالة فإن هناك ثلاثة خيارات هي:

أ. مساعدة الشخص الآخر على تغيير سلوكه.

ب. تعليم المسترشد أن يعيش معها.

ج. الانسحاب أو عدم الاتصال مع ذلك الشخص.

2. إذا عبر المسترشد عن المشكلة بطريقة انفعالية، فإن بإمكان المرشد مساعدته على تعلم سلوكات جديدة تكون متناقضة مع الشعور بالمشكلة.

3. عندما لا يكون للمشكلة هدف، فإن المرشد يستطيع أن يساعد المسترشد على تركيز انتباهه على أهداف سلوكية محددة ومن ثم اكتساب المهارات اللازمة لتحقيق هذه المهارات.

4. عندما لا يكون الهدف مرغوب فيه لدى العميل فإن بإمكان المرشد أن يساعد المسترشد على تقييم النتائج التي تحقق الهدف وبالتالي المساعدة في البحث عن بدائل أخرى مناسبة.

5. عندما لا يكون المسترشد واعي بأن سلوكه غير مناسب فإن بإمكان المرشد أن يعلمه كيف يبحث عن التغذية الراجعة ويستعملها في حياته اليومية.

6. عندما يشعر المسترشد بالقلق بسبب الصراع في الاختيارات فإن المرشد يستطيع أن يعلمه مهارات اتخاذ القرارات (Shilling, 1984).

وقد حدد كوري (Corey,1996) هدفاً سلوكياً واحداً في العلاج السلوكي وهو خلق ظروف وشروط جديدة لتحقيق وإنجاز عملية التعلم، استناداً إلى افتراض أن التعلم يمكن أن يحسن المشكلات السلوكية للوصول في النهاية إلى تحسين وزيادة قدرة الفرد على اتخاذ القرار وخلق حياة أكثر فعالية.

1. عملية وضع الأهداف عملية تفاوضية يشترك كل من المرشد والمسترشد في استنباطها وتتصف هذه الأهداف بصفات أساسية أهمها:

أ. الوضوح Clear.

ب. قابلة للقياس Concrete.

ج. مفهومة Understood.

د. متفق عليها بين المرشد والمسترشد Agreed on.

وتظهر طبيعة العلاقة التفاوضية والتعاونية بين المرشد والمسترشد من خلال المواقف التالية:

- يكون دور المرشد هو توضيح الغاية والأهمية من وضع الأهداف.
- يكون دور المسترشد تحديد التغيرات الإيجابية التي يتوقعها من عملية الإرشاد.
- يحدد كل من المرشد والمسترشد فيما إذا كانت الأهداف واقعية أم لا.
- يناقش كل من المرشد والمسترشد حسنات وسيئات الأهداف العامة.
- يستمر كل من المرشد والمسترشد في البحث عن أهداف جديدة أو تعديل البعض الآخر.

دور المرشد في العلاج السلوكي Function of the Counselor:

لا يختلف المعالج السلوكي عن المعالجين الآخرين في دوره وعلاقته مع المسترشد من حيث أساسيات المقابلة التي تركز على أهمية الاتصال الفعال، والإصغاء والانعكاس والتلخيص والتوضيح والتعاطف والتساؤل لأسئلة مفتوحة (Open-ended) وبالتالي المتابعة إلا أن هناك وظيفتان تميزان العلاج السلوكي عن غيره من أساليب العلاج الأخرى وهما:

1. يركزون على جزئيات السلوك أي تحليل السلوك العام إلى أجزاء محددة.
2. يحاولون وبشكل تدريجي ومنتظم الحصول على معلومات بشأن الأحداث والأبعاد ذات العلاقة بالسلوك المستهدف (Corey,1996)، وقد خلص

شيلنغ (Shilling,1984) إلى الأدوار الستة الرئيسية التالية للمرشد السلوكي وهي:

1. يتحمل المرشد السلوكي المسؤولية العظمى في تقرير وتحديد مادة ومحتوى العملية الإرشادية بما فيها الأساليب والتكنيكات.

2. على المرشـد السلوكي المسـاهمة في تحفيـز وتعزيـز وتشـجيع المسترشـد عـلى أهميـة تنفيـذ الإرشادات وتطبيقها.

3. يتحمل المرشد مسؤولية ضبط العملية الإرشادية.

4. يفترض من المرشد السلوكي أن يكون نشطاً وذو دوراً توجيهياً في عملية العلاج.

5. أكد ولبي (Wolpe) على أهمية أن يكون المرشـد متقبـلاً للمسترشـد ومتعاطفاً وأن لا يصدر الأحكام.

6. على المرشد أن يلعب دور النموذج الذي يمكن أن يقلده ويتعلم منه المسترشد نماذج سـلوكية معينة خاصة بعملية العلاج.

أساليب الإرشاد السلوكي Techniques of Behavior Counseling:

إن كل فرد يمتلك رد فعل وانطباع فريد ومختلف عن الآخرين فيما يتعلق بالمثيرات البيئيـة، وبناء عليه لكل مسترشد إجراءات تختلف من مسترشد لآخر على الـرغم مـن أن لكل مشـكلة تكنيـك وأسلوب يناسبها ولا يناسب مشكلة أخرى، إن معظم السلوكات هي استجابة لمثيرات بيئية لـذلك فإن تعديل السلوك يتطلب تعديل وتغيير المثيرات والمحددات والظروف البيئية الخاصة والمؤثرة عـلى تلـك المشكلة وقد صنف ريم (Rimm,1977) الأساليب العلاجية السلوكية بما يتناسب مع نظريات التـعلم المختلفة وهي كالتالي (Shilling,1984).

أساليب الإشراط الإجرائي Techniques: Operant Procedures:

ويشمل ما يلي:

• ضبط الذات Self-Control:

إن أسـلوب الضـبط الـذاتي هـو أحـد أسـاليب وإجـراءات تطبيقـات إدارة الطـوارئ Contingency Management Procedures والتـي تضم إضـافة لأسلوب الـذات أسـلوب الضـبط المؤسسي- Institutional Control والضبط التعـاوني أو التعاقـدي Mutual Control والضـبط مـن خلال المعالج Control Therapist وأخيراً الضبط التنفيري Aversive Control (Corey,1996).

ومن أهم صور ضبط الذات:

1. الإفراط في ممارسة أو ظهور بعض السلوكات Surfeit مثل التدخين، الوزن الزائد، لعب القمار.

2. نقص أو عدم القدرة على القيام ببعض السلوكات Deficit مثل المهارات والعـادات الدراسـية، القيام ببعض التمارين، المهارات الاجتماعية ومـن خـلال قوانين وإجـراءات التعزيـز يمكـن أن نساعد المسترشد على إطفاء بعض السلوكات أو بالمقابل نساعده على تشكيل بعض السلوكات الأخرى (Shilling,1984).

• استخدام المعززات الرمزية Token Economies:

يعتمـد هـذا الإجـراء علـى مبـادئ التعزيـز والإطفـاء وهـو أسـلوب فعـال ضـمن المواقـف الاجتماعية فهو أكثر نجاحاً في الغرف الصفية ومستشفيات الطب النفسي، وبعض المؤسسـات الأخرى، وهو رمز معين يمكن أن يستبدل به في وقت لاحق

بمعززات داعمة تؤدي إلى تقوية السلوك ومن حسنات هذا الأسلوب (Wallace,1986):

1. يحتفظ المعزز الرمزي بنفس القيمة يملكها المعزز الإيجابي.

2. يسهل عملية التعزيز ويتطلب القليل من الوقت والتكلفة.

3. خلال عملية العلاج وبعد أن يقوم المسترشد بتبديل المعزز الرمزي بمعزز حقيقي سيؤدي ذلك إلى توسيع قاعدة العمل وزيادة دافعية المسترشد للعلاج.

4. إن من شأن المعزز الرمزي أن يسهل عملية التعزيز الاجتماعي.

5. إن مـن شـأنه أن يعــزز الســلوكات التــي لا يمكـن تعزيزهـا اجتماعيـاً بصـورة طبيعيـة (Wallace,1986).

● **التغذية الراجعة الحيوية Biofeedback:**

تعتمد إجراءات التغذية الراجعة الحيوية على مبادئ الإشراط الإجرائي، مثل قياس أعراض ضغط الدم وسرعة التنفس ومستوى التوتر ودرجة حرارة الجسم، وبالتالي فإن بإمكان المسترشد ومن خلال عمليات التعلم أن يطور مهاراته في ضبط هـذه الأعـراض الوظيفيـة مـن خـلال ضبط مسـتوى المؤثرات الخارجية مثل الضوء والصوت وغير ذلك (Shilling,1984).

● **العلاج المتعدد النماذج Multimodal Therapy:**

يعتبر هذا الأسلوب العلاجي من الأساليب العلاجية الشاملة والمنظمة وهو منهج متكامل في العلاج السلوكي طوره لازاروس (Lazarus).

وهو نظام مفتوح ويعتبر من أفضل الأنظمة والأساليب، يجيب هذا النموذج على أسئلة مثل: من هو؟ أو ماذا أفضل شيء يمكن تقديمه لهذا المسترشد؟ لتحديد ماهية العلاقة وما هي إستراتيجية العلاج التي يجب تطبيقها مع المسترشد (Corey,1996).

إن هذا النظام هو مثال للمعالج السلوكي الذي يمكن من خلاله أن يطبق وينفذ مناهج العلاج السلوكي الثلاثة وهي منهج الاشتراط الكلاسيكي والإجرائي وكذلك العلاج السلوكي المعرفي، ويشتق هذا الأسلوب من خلال الأحرف الأساسية لكلمة Basic I.D والذي يشير إلى أن محتوى تعقد شخصية الإنسان تنقسم إلى سبعة أجزاء رئيسية وهي:

1. Behavior = B السلوك.

2. Affective = A الاستجابات الانفعالية.

3. Sensations = S الأحاسيس.

4. Images = I التخيلات.

5. Cognitions = C المعارف.

6. Interpersonal Relationship = I العلاقات الشخصية.

7. Drugs... = D مخدرات والوظائف الحيوية والتغذية والتمارين.

إن العلاج متعدد النماذج يأخذ بعين الاعتبار وجهة نظر التقييم الشامل والتأكيد على هذه الأبعاد السبعة، وقد أورد لازاروس (Lazarus) المبادئ التالية للتعبير عن وجهة النظر الأسلوب العلاجي متعدد النماذج:

1. إن البشر يتفاعلون ويسلكون من خلال المجالات السبعة السابقة الذكر.

2. إن هذه النماذج المتعددة هي مترابطة ومتداخلة مع بعضها البعض ويمكن اعتبارها نظام تفاعلي موحد.

3. إن التقييم الدقيق والكيّس أو الضليع عندما يكون تقييماً منظماً وتدريجياً لكل نموذج من النماذج السبعة والتفاعل فيما بينهما.

4. إن منهج العلاج الشامل من شأنه أن يحدد إرشادات معينة وذات دلالة للمشكلات في كل نموذج من النماذج السابقة الذكر كل على حدة.

5. تنشأ الاضطرابات النفسية من عوامل مثل صراع المشاعر ونقص المعلومات أو سوء فهمها أو نقص في المهارات الشخصية وكذلك الضغوطات الخارجية بالإضافة إلى المتطلبات والاهتمامات الملحّة والموجودة (Corey,1996).

إن عملية التقييم تعتمد على أسئلة أساسية والتي قام بتوجيهها لازاروس نفسه وذلك لكل نموذج من هذه النماذج السبعة وعلى النحو الآتي:

1. **السلوك**: ويشير هذا النموذج بشكل أساسي إلى السلوكات الظاهرة بما فيها الأفعال، والعادات، وردود الفعل التي يمكن ملاحظتها وقياسها ومن الأسئلة التي يمكن توجيهها للمسترشد:

    أ.   ما الذي ترغب في تغييره وتعديله؟

    ب. ما مدى دافعيتك ونشاطاتك للقيام بذلك؟

    ج.   ما الذي ترغب أن تبدأ به أو تقوم به؟

    د.   ما هي بعض جوانب القوة لديك ذات العلاقة بالسلوك المستهدف؟

2. **الاستجابات الانفعالية**: ويعـود هـذا النمـوذج إلى العواطـف والانفعـالات والمـزاج والمشـاعر القوية، ومن الأسئلة ذات العلاقة:

أ. ما هي انفعالاتك التي تشعر بها الآن وبشكل ملحوظ؟

ب. ما الذي يساعد على إدخال البهجة والبسمة إليك؟

ج. ما الذي يساعد على زيادة حزنك؟

د. ما هي الانفعالات التي تسبب لك مشكلة؟

3. **الأحاسيس**: ويشير هذا النموذج إلى الأحاسيس الخمسة الرئيسة وهي اللمس، الذوق، والشم، والنظر، والسمع، ومن الأسئلة ذات العلاقة:

أ. هل تعاني من شعورك بأحاسيس غير سارة وغير سعيدة مثل آلام، صداع،....؟

ب. ما مدى تركيزك على أحاسيسك؟

ج. ما هي الجوانب الخاصة المفضلة وغير المفضلة لـديك في طريقـة توظيـف أحاسيسـك السمعية والبصرية واللمسية،....؟

4. **التخيلات**: ويشير هذا النمـوذج إلى الطريقـة التـي مـن خلالهـا نصـور أنفسـنا والتـي تشـمل الذاكرة، الأحلام، والتخيلات، ومن هذه الأسئلة ذات العلاقة:

أ. هل تغرق في التخيلات وأحلام اليقظة؟

ب. هل تركز كثيراً على الخيال؟

ج. كيف ترى جسمك؟ ما هي وجهة نظرك بشأنه؟

د.   كيف ترى نفسك الآن وكيف تحب أن تراها في المستقبل؟

5. **المعارف**: ويشير هذا النموذج إلى الاستبصارات والفلسفات والأفكار، والآراء، وحديث الـذات، والأحكام التي تشكل القيم الأساسية للفرد، إضافة إلى الاتجاهات، والاعتقـادات ومـن الأسـئلة ذات العلاقة:

أ.   هل تفكر كثيراً؟

ب.   كيف تساهم أفكارك في التأثير انفعالياً على عواطفك؟

ج.   ما هي القيم والاعتقادات التي تلتزم بها وتؤكد عليها؟

د.   ما هي الأشياء السلبية التي تقولها لنفسك؟

هـ.   ما هي بعض الأفكار اللاعقلانية لديك؟

6. **العلاقات الشخصية التفاعلية**: ويشير هذا النموذج إلى تفاعلات المسترشـد مـع الآخرين ومـن أمثلة الأسئلة ذات العلاقة:

أ.   ما مدى تفاعلك اجتماعياً مع الآخرين؟

ب.   إلى أي درجة ترغب بمشاركة الآخرين؟

ج.   ماذا تتوقع من الأشخاص المهمين في حياتك؟

د.   ماذا يتوقع الأشخاص المهمين في حياتك منك أنت؟

هـ.   هل ترغب بتغيير علاقتك مع بعض الأشخاص؟ ولماذا؟

7. **المخدرات أو الأدوية/ والوظائف الحياتية البيولوجية:** ويشمل هذا النموذج أبعاداً أخرى أكثر من المخدرات بل يأخذ بالاعتبار عوامل وعادات التغذية، وأشكال للتمارين والنشاط الجسمي ومن هذه الأسئلة ذات العلاقة:

أ.   هل تشعر بالصحة بشكل واعي؟

ب.   هل لديك اهتمامات معينة بشأن صحتك؟

ج.   هل أنت مدمن على أي نوع من المخدرات؟

د.   ما هي عاداتك بالنسبة للحمية والغذاء والنشاط الرياضي؟

يركز العلاج المتعدد النماذج أيضاً على فردية المسترشد وأن حاجاته وتوقعاته تتطلب مدى واسع من النماذج العلاجية تعتمد على افتراض أن الكثير من المسترشدين يأتون للعلاج وهم بحاجة لتعلم المهارات المختلفة، وهنا فإن على المعالج أن يقوم بدور المعلم الجيد، والمدرب والنموذج، والموجه إضافة إلى تزويد المسترشد بالمعلومات، والتدريبات، وردود الأفعال، فهو يتحدى، ويفند الاعتقادات الذاتية ويوفر التدريبات والمهارات وكذلك التغذية الراجعة كما يزود المسترشد بالتعزيز الإيجابي ويساعده على كشف الذات (Corey,1996).

لقد أخذ أسلوب العلاج المتعدد النماذج من مناهج علاجية ونظريات إرشادية أخرى حيث وظفت بعضاً من تكتيكاتهم مثل علم النفس الفردي إضافة إلى التدريب على إدارة القلق، والتثقيف العلاجي Bibliotherapey واستخدام أسلوب التغذية الراجعة الجسمية، والتعاقدات السلوكية، كما استفاد هذا النموذج من أسلوب التنويم المغناطيسي- والتخيل الإيجابي، وكذلك التعزيز الإيجابي، والتدريب على الاسترخاء العضلي وكذلك الإسقاط، والكرسي الفارغ ووقف التفكير (Corey,1990).

أساليب الإشراط الكلاسيكي :Classical Conditioning Procedures

وأهم هذه الأساليب:

- تقليل الحساسية التدريجي Systematic desensization:

وتتجلى فعالية هـذا الأسـلوب مـع المخـاوف المرضية Phobias أو مـا يسـمى بـالخوف اللاعقلاني، ويشير هذا الأسلوب إلى أهمية التدريب على الاسترخاء العضلي جنباً إلى جنب مـع تطوير الهرم القلقي عند المسترشد anxiety hierarchy لأي من المخاوف المرضية (Shilling,1984).

- التدريب على تأكيد الذات Aversive Conditioning:

حتى تصبح مؤكداً لـذاتك فـإن عليـك أن تـدرك وتعـي مـا هـي حقوقـك واعتقاداتـك دون الاعتداء على حقوق واعتقادات الآخرين وأهـم طرق التـدريب عـلى تأكيـد الـذات هـو إعـادة تكـرار السلوك Behavior rehearsal، وأكثر ما تظهر فعالية هذا الأسلوب في السـلوكات العدوانيـة وضعيف الثقة بالنفس (Shilling,1984).

- الاشتراط التنفيري Aversive Conditioning:

ويشير هذا الإجراء إلى ربط واقتران الأعراض السلوكية بمثيرات مؤلمة حتى يتم إطفاء السلوك المستهدف وأمثلة ذلـك اسـتخدام العقـاب بشـتى أنواعـه وخاصة الصـدمة الكهربائيـة ويسـمى هـذا الأسلوب بالإشراط التجنبي (Shilling,1984).

- **التدريب على الاسترخاء العضلي Relaxation Training:**

وأكثر ما يتلائم هذا الأسلوب مع التوترات اليومية ويهدف إلى تحقيق الاسترخاء العقلي والعضلي، وقد استخدمه منذ البداية جاكبسون (Jacobson,1938) وقد يشمل تدريبات على شريط مسموع ويشمل على تدريبات يومية ما بين (20 – 25) دقيقة من ضمنها التنفس بعمق وعلاقته بالتوتر والاسترخاء (Corey,1996).

أساليب التعليم الاجتماعي Social Learning Procedures:

ويعود هذا الأسلوب إلى العالم باندورا (Bandura,1969) ومن أهدافه:

1. تعلم سلوكات جديدة.

2. إضعاف أو تقوية سلوكات موجودة أصلاً.

3. تسهيل الاستجابة للسلوك المرغوب فيه.

وهنا لا بد من السماح للمسترشد بأن يلاحظ ويمارس السلوك المستهدف وتلقي التغذية الراجعة في النهاية (Shilling,1989).

التطبيقات Applications:

تعتمد طبيعة العلاج السلوكي على الأساليب المستخدمة والتي تعتمد بدورها على طبيعة المشكلة، فلكل مشكلة خصوصية معينة يلائمها أسلوب معين فمثلاً المخاوف المرضية يلائمها تقليل الحساسية التدريجي، بينما يناسب مشكلات أخرى العلاج بالنمذجة فيما يلائم مشكلة أخرى العلاج السلوكي المعرفي (Shilling,1984).

تطبيقات على العلاج السلوكي في تخفيف الوزن ما يلي:

1. حدد الخط القاعدي، وذلك بمعرفة المأكولات التي تتناولها ومكان ووقت تناولها مع إجراء فحوص جسمية.

2. كن مدركاً لعاداتك في الأكل من خلال قياس وتسجيل كامل العادات الغذائية، أين تأكل؟ ماذا أكلت؟ ما هي الحوادث التي تسبق الأكل؟...الخ.

3. احسب عدد السعرات الحرارية التي تتناولها "يمكنك طلب مساعدة أخصائي تغذية".

4. طور وسائل لضبط وتعلم عادات الأكل السليمة فمثلاً: عليك أن تأكل ببطء، احسب عدد اللقم، تجنب الأكل لوحدك، اترك جزءاً من الطعام.

5. تعلم كيف تضعف أسباب الأكل الشخصية، فتجنب المواقف التي تثير شهيتك، لا تأكل وأنت تراقب التلفاز، تجنب عرض الأكل الليلي.

6. تجنب الوجبات الخفيفة "Snacks" واشتر الوجبات التي تتطلب إعداد.

7. عليك بالتمارين والنشاط الرياضي لحرق السعرات الحرارية الزائدة.

8. اعمل قائمة من المكافآت والتعزيزات يمكن أن تتلقاها إذا غيرت مـن عاداتـك للطعـام وقائمـة أخرى بالعقوبات التنفيرية مثل ملاحظة الجسم من خلال المرآة.

9. اعمل جدول يوضح فيه مدى التقدم بحيث تسجل وزنك أسبوعياً ومدى تغير العادات ومـدى اكتساب العادات الجديدة.

10. إذا لم تنجح بتخفيف الوزن بهـذا الأسـلوب ابحـث عـن مرشـد آخـر وطـرق سـلوكية جديـدة لتخفيف الوزن.

ومن التطبيقات العلاجية ذات العلاقة بالأسلوب العلاجي متعدد النماذج الـذي سـبق ذكـره هو ما ذكره كوري (Corey,1996) بشأن حالة ستان (Stan).

إن حالة ستان تشير إلى وجود مشكلات متداخلة مع بعضها البعض يمكن تعريفها من خـلال استخدام Basic I.D في التشخيص:

● **السلوك:**

– يظهر على أنه دفاعي ومقاوم في كلامه، ويتجنب الاتصـال البصـري مـع الآخـرين، ويتكلم باستهتار.

– يشرب الكحول بكثرة.

– تورط في مشاكل قانونية بسبب إدمانه على الكحول.

– يشعر بالأرق.

● **السلوك الانفعالي:**

– يشعر بالقلق.

‒ الشعور بالهلع والخوف وخصوصاً عند محاولة النوم وقدوم الليل.

‒ حالات ومواقف من الاكتئاب.

‒ الخوف من النقد والفشل.

‒ الشعور بعدم القيمة.

‒ الشعور بالغباء.

‒ الشعور بالعزلة والغربة.

● **التخيلات:**

‒ تدني نظرته لذاته وهو غير راضٍ عن صورته الجسمية.

‒ يرى نفسه على أنه فاشل في الحياة.

‒ لديه تخيلات لمحاولة القيام بالانتحار.

‒ يرى نفسه بأنه مسلط عليه الأنظار من قبل الآخرين.

● **المعارف:**

‒ يسأل أسئلة عن هويته الذاتية مثل (من، وماذا أكون أنا...).

‒ لديه أفكار قلقة بشأن الموت والفناء.

‒ يبحث للحصول على قيم جديدة.

‒ يقارن نفسه مع الآخرين.

‒ لديه الكثير من الأفكار والاعتقادات المتصارعة.

● **العلاقات الشخصية:**

- غير مؤكد لذاته.

- على علاقة غير مرضية مع والديه.

- لديه القليل من الأصدقاء.

- يشعر بالعقدة الاجتماعية.

● **المخدرات والعوامل الحيوية:**

- يسيء استخدام الكحول.

- يستخدم مخدرات غير قانونية.

- ينقصه القيام بالبرامج والتمارين الرياضية.

- لديه الكثير من الشكاوي الجسمية.

- لا يظهر عليه أي أعراض المرض العضوي.

وقد تم إتباع العديد من الأساليب العلاجية مع ستان منها أسلوب النمذجة، ولعب الـدور، وإعادة تكرار السلوك، إضافة إلى تقليل الحساسية التدريجي، وقـد ركـز العـلاج عـلى تعـديل السـلوك الذي هو نتيجة للشعور بالبشاعة، والقلق، وفي نهاية العلاج حصل هنـاك نقـص وانخفـاض ملحـوظ في الأعراض، وقد كان يظهر درجة عالية من الرضا كلما تقدم في العلاج (Corey,1996).

ويجب أن لا ننس عملية المتابعة للعلاج واستمراريته.

تقييم النظرية Evaluation:

لقد واجهت النظرية السلوكية الانتقادات التالية والتي اعتبرت جوانب ضعف فيما بعد:

1. أن العلاج السلوكي ربما يساهم في تغيير السلوك ولكن لا يمكنه أن يغير المشاعر.

2. أن العلاج السلوكي يتجاهل أهمية التأكيد على العلاقات التفاعلية بين المرشد والمسترشد.

3. أن العلاج السلوكي لا يمكن أن يزود المسترشد بالقدرة على الاستبصار الذاتي.

4. أن العلاج السلوكي يعالج الأعراض ولا يعالج الأسباب.

5. يتركز العلاج السلوكي على أهمية وقدرة المعالج السلوكي على الضبط والمهارة في تطبيق الأساليب.

وفي مقالة بعنوان دفاعات سكنر عن السلوكية فقد أوضح بأنه غير سعيد بالانطباع الذي تشكل عن السلوكية في مجالات علم النفس المختلفة وخاصة فيما يتعلق بالتجارب التي أجراها سكنر على الحيوانات وتعميم تلك التجارب على السلوك الإنساني، وقد أجاب سكنر على هذا التساؤل في مقالته المشهورة هل يمكن لعلم النفس أن يصبح علماً للعقل، حيث أوضح بأن هناك نوعان من العلوم التي تتعامل مع السلوك الإنساني وهما: علم النفس الفسيولوجي ودراسة وظائف الدماغ والعلم الذي ينقسم إلى ثلاثة مجالات علمية مختلفة وهي:

- تحليل السلوك.

- علم دراسة الإنسان الأنثروبولوجي Anthropology.

- علم الأعراق والجماعات Ethnology.

وقد أوضح سكنر أن العلاقة والرابطة فيما بين هذه العلوم الثلاثة هي التي تخلق الاختلافات فيما بينهما، وفي دفاع سكنر عن مبادئ تحليل السلوك أوضح عدة نقاط أساسية منها:

1. التركيز على البحث بالطريقة الاستقرائية وتجنب الاختبارات الافتراضية.

2. إن تحليل موضوعات السلوك الفردي تجنب الباحث اللجوء إلى متوسط البيانات أو استخدام الأساليب الإحصائية.

3. إن تحليل السلوك يركز على الجوانب التي يمكن ضبطها وعلاجها.

4. رفض الأسباب الداخلية لتفسير السلوك والتأكيد على العوامل والمثيرات البيئية في تشكيل السلوك.

ويجيب سكنر أيضاً على أن الأداة الرئيسة في العلاج النفسي لتعديل السلوك هي استخدام الإشراط الإجرائي، ويضيف ديرك (Derck) وهو أحد تلامذة سكنر على أن سكنر قد ساهم في ردم وسد الفجوة ما بين علم النفس كعلم بيولوجي وبين علم النفس كعلم اجتماعي من خلال أساليب التحليل التجريبي.

الفصل الرابع

علاج الأفكار الوسواسية
والأفعال القهرية

علاج الأفكار الوسواسية والأفكار القهرية

أصبح عصرنا الحالي هـو عصرـ القلـق والتـوتر، حيـث أصبحت هـذه السـمات تـلازم حيـاة الإنسان اليومية، ويمكن القول أن سلوك الاستحواذ القهري هو نتاج مباشر لآثار القلق والتوتر، كما أنـه من العوامل الرئيسية التي تتسبب بهما.

ويمكن تقسيم السلوك الاستحواذي إلى قسمين رئيسين هما:

1. الأفكار الاستحواذية التي تستحوذ عـلى تفكـير الإنسان ومشـاعره وتحـول غالبـاً دون قيامـه بأعماله العادية على أفضل وجه.

2. الأفعال القهرية التي تؤدي أيضاً إلى إعاقة الحياة اليومية لدى الإنسان، وتحد مـن تكيفـه مـع البيئة المحيطة به.

هذا وتختلف نسبة انتشار هذه الأفعال والأفكار الاستحواذية القهرية من مجتمع لآخر ومن بيئة لأخرى ومن فرد لآخر وذلك حسب الضغوط النفسية ونسبة القلق والتوتر الـذي يعيشه الأفـراد، ومهما بلغت درجة انتشار هذا المرض من آثار سلبية ومثبطة للشـخص الـذي يعـاني منـه حيـث يـترك لديه آلام نفسية وإحباطات وحزن وعزلة وغير ذلك.

وقد حاولت من خلال هذه الورقة المتواضعة أن أسلط الضوء على هذا الموضوع مـن حيـث تعريف هذا المرض وأسبابه والأعراض الإكلينيكية له، ونسبة انتشاره، والنظريـات التـي تحـدثت عنـه، والوقاية والعلاج وتقديم دراسة حالة لهذا المرض.

الوساوس والأفعال القهرية:

تتميــز الأعــراض الأوليــة لاضــطراب الوســواس القهــري بتملــك أفكــار غــير إراديــة وتكرارهـا (الوساوس)، والسلوك غير المرغوب الذي لا يقاوم وكلا النوعين من السلوك في الشكل المتوسط عادة مـا يظهر لدى عامة الناس، وبالرغم من سوء التكيّف هذا، إلا أن ضررهم قليل.

وفي النموذج الشديد، فإنها تعطّل كل نشاطات الحياة العادية وغالباً ما يصاحبها الاكتئاب.

الوساوس الطبيعية: أمثلة ذلك هي الأفكار المتواصلة، أحياناً عدم الرضا عن الحدث المتوقع طوال فترة التجربة، اللحن المتكرر أن ذلك مثير وسيء التكيّف لكنه ليس مرضياً.

القهرية الطبيعية: مثل الفحص المتكرر برؤية ذلك الباب بأنه مغلق أو أن الموقد مطفئ، أو أن ذلك الطفل نائم بأمان.

الوساوس المتسلطة Obsessions: هي عبـارة عـن أفكـار أو دوافـع شـعورية تتسـلط عـلى الفرد وتلح عليه وذلك على الرغم من شعوره بسخافتها وبعرقلتها لسير تفكيره.

فـإذا رغـب في الـتخلص منهـا واجهتـه بمقاومـة، وإذا أراد الانشـغال عنهـا عـادت الظهـور والإلحاح، وإذا اشتد في سعيه إلى التخلص منها مـر عـلى شـعور يشـبه نوبـة شـديدة مـن القلـق، إنها تختلف عن الخوف لأنها لا تكون مشحونة شعورياً بـالقلق في حالـة وجودهـا، ولكـن مـن الممكـن أن تكون العامل المباشر في تولد الخوف المرضي عند الشخص.

وهي تختلف عن الهذيان من حيث أن الشخص الواقع تحت تسلطها يشعر بها، ويشعر بسخافتها، وقد يرتعد من شدة شعوره بانحطاطها، وهو يقاومها شعورياً.

والوساوس المتسلطة تضعف قدرة الفرد على العمل المثمر بسبب من الوقت الذي يضيعه وهو تحت تأثيرها، وقد تنحرف كثيراً فتزيد في درجة ضعف قدرته هذه.

يعطينا كاميرون (1963) مثالاً لذلك:

"كانت الأم تحضر وجبة طعام العشاء ذات ليلة، عندما أوقعت الصحن الزجاجي وتناثرت أجزاؤه على شرشف الطاولة، وبينما هي تجمع أجزاء الزجاج دخل الخوف قلبها من أن بعض الأجزاء يمكن أن تكون قد دخلت عشاء زوجها وتقتله، ولهذا فهي لن تسمح للوجبة بالاستمرار إلا بعد إعادة ترتيب الطاولة بشراشف نظيفة، بعد هذا وبدل أن تهدأ تطورت إلى قلق من أنها هي وأولادها كادوا أن يقتلوا من الزجاج.

يمكن أن تأخذ الوساوس شكل الشك المتطرف (الشديد)، والتأخير في العمل، عدم القدرة على اتخاذ القرار وعندها لا يقدر المريض على استخلاص أي نتيجة.

الأفكار القهرية Compulsive acts:

القهر سلوك جبري، يظهر بتكرار قوة لدى المريض يلازمه ويستحوذ عليه ويفرض نفسه عليه ولا يستطيع مقاومته، رغم وعي المريض وتبصره ثغراته وسخفه ولا معنوية مضمونه وعدم فائدته. (زهران، 1977، ص 423).

غالباً ما تكون القهرية المرضية أحد النوعين التاليين أو الاثنين معاً:

الأول: طقوس الفحص.

والثاني: طقوس التنظيف.

مثلاً في طقس الفحص قد يذهب الفرد من فحص كل الأبواب لفحص كل الشبابيك، مكرراً العملية ثانية وثانية لخوفه أنه قد يكون نسي واحداً.

أما في قهرية التنظيف يبدو المُعاني مسيّر في الانهماك في بعض أنشطة التنظيف للتخلص من التلوث أو الوقاية منه، وغالباً ما يأخذ شكل غسيل اليدين التي قد تكون من الحالات الشديدة وتأخذ حوالي مئة مرة أو أكثر يومياً، في كل مرة يتطرق لها الموضوع.

إدمان التدخين أو القمار أو الكحول لا يعتبر من الأعمال القهرية لأن المتعة تكون مرافقة لهذا السلوك، أما القهر الحقيقي فهو السلوك الذي يكون غريباً عن شخصية الفرد.

وجد سترن وكوب (1978) أن 78 % من العينة القهرية وصفوا تصرفاتهم بأنها سخيفة أو غير منطقية.

ونتيجة متوقعة من الأفعال القهرية بأن تأثيرها على علاقات هؤلاء الأشخاص بالمحيطين بهم، خاصة مع أعضاء العائلة نفسها، فالشخص الذي يشعر بحاجته لغسل يديه كل عشر دقائق يجلب اهتمام أو حتى اشمئزاز الشريك الآخر (الزوج، الزوجة)، الأطفال، الأصدقاء، أو حتى رفاق العمل، وهذا الشعور الذي يحس به المحيطين سوف يسبب الشعور بالذنب لأنه وبمستوى معين يفهم الآخرين عدم قدرة هذا الشخص على مقاومته هذه الأعمال غير المنطقية، وأخيراً فإن هذا التأثير على الآخرين سيولّد شعوراً بالاكتئاب والقلق للشخص القهري ويدفع بواقع العلاقات الشخصية إلى الأسوأ، ولهذا السبب ذكر المعالج العائلي هافنر (1982) أن

الأفعال القهرية تؤثر في الخلافات الزوجية وتحول دون حلها وهذه النظرية التوقعية تنبه المعالجين إلى أهمية العلاج الجماعي الزوجي مع التركيز على العلاج الفردي.

تشترك الوساوس والأفعال القهرية بعدة أمور:

1. وجود أفكار أو دوافع أو انفعالات أو حركات دورية مستمرة.

2. تسلط هذه الأفكار أو الدوافع أو الانفعالات، مع تردد ذلك باستمرار وبشكل مبالغ فيه على الرغم من أن المريض يشعر بسخافة ذلك وخلوه من المعنى والهدف الاحتفاظ بالاستبصار وهذا ما يميز مريض العصاب عن الذهان.

3. قد تستحوذ على المريض أحياناً فكرة سوية أو سخيفة ولكنها تكون في الحالتين مرضية من حيث استمرار ترددها على الذهن، ومن حيث تسلطها على المريض وعدم قدرته على دورها أو التخلص منها وهذا ما يترتب عليه سوء التكيّف الشخصي ـ والاجتماعي السليم مع آلام عقلية ونفسية شديدة ومؤلمة.

4. محاولة المريض المستمرة لمقاومة هذه الوساوس المتسلطة وعدم الاستسلام لها، ولكن هذه المقاومة تسبب قلقاً وتوتراً شديدين لا يزيلهما إلا الاستجابة لدوافع المريض المرضية الشاذة.

5. وقد لوحظ أن مريض الوسواس من النوع الانطوائي الشخصية ويكون المريض غالباً شديد التدقيق والتخوف والحذر وذو ضمير حساس يخشى المسؤولية ويقدرها، ذكاؤه عادي، طموح إلى تأكيد شخصيته مع كثير من الخجل والتهيب، وهو متطرف يقيّم الأمور بمعايير مطلقة لا يمكن بلوغها وكثير ما يظن في نفسه الطهارة المطلقة أو التدين، وهو مدقق مع الغير وينتظر منهم الكمال المطلق، ولا يشعر المريض بصلابة وعدم مرونة، وإن كان يشعر بغرابة أعراض مرضه.

نسبة الانتشار للوساوس والأفعال القهرية:

إن اضطراب الوسواس القهري، من أقل الأمراض أو الاضطرابات العصابية شيوعياً، فتشير تقارير جمعيّة الطب النفسي الأمريكية إلى أنه اضطراب غير شائع نسبياً، حيث يظهر في 1 - 2 % من مجموع السكان عامة.

إن هذا الاضطراب شائع كثيراً بين النساء، والبداية عادة ما تكون في سن المراهقة أو مرحلة الرشد المبكرة، بالرغم من أن هذا الاضطراب قد ينمو في مرحلة الطفولة.

الشخصية قبل المرض:

تسمى الشخصية في هذه الحالة "الشخصية الوسواسية القهرية" ومن أهم سماتها الجمود والتزمت والعناد والتسلط والبخل والتردد والتشكك والتدقيق والحذر والحذلقة والاهتمام بالتفاصيل وصعوبة التوافق والتباعد والتمركز المتطرف حول الذات، وتتسم في نفس الوقت بالحساسية ويقظة الضمير والفضيلة والتمسك بالكمال والأخلاق وحب النظام والنظافة والطاعة والهدوء ودقة المواعيد والتمسك بالحقوق والواجبات، ويكون ذكاء الشخص عادة متوسطاً أو فوق المتوسط.

الأعراض الإكلينيكية:

يمكن أن تصنف الظاهرة جسدياً أو سلوكياً كما يمكن أن تكون أفكار أو دوافع أو أن ترمز إلى أحداث أو أعمال مستقبلية أو أنها حدثت فعلاً، ويمكن أن تعبر رغبات وأمنيات وأساليب حماية ضد هذه الرغبات، ويمكن أن تكون أعمال وأفكار بسيطة أو أن تمثل نموذجاً طقسياً في التفكير أو السلوك، ويمكن أن تكون واضحة للإنسان العادي (Sadock, Kaplan, Freedman, 1973, P. 353).

وبصورة عامة قسّم بعض الأخصائيين في الطب النفسي الأعراض الإكلينيكية لمرض الوسواس القهري إلى ما يلي:

1. سيطرة فكرة أو صورة على المريض Idea or Image.

2. الاندفاع أو الرغبة الجامحة القهرية للقيام بعمل ما.

3. حركات معتمدة وطقوس حركية Rituals acts.

4. الخوف المرضي The Phobia.

5. اجترار الأفكار.

وسنتحدث عن كل هذه الأعراض بالتفصيل:

1. الفكر التسلطي:

في هذه الحالة تعاود المريض أفكار طارئة مزعجة غير مرغوب فيها تتحكم في عقله وتسيطر عليه، ومن هذه الأفكار ما يثير الرعب والهلع في نفس المريض فيحاول التخلص منها بكل وسيلة ممكنة، ومن الحالات المرضية تلك الحالة التي توجز باختصار طبيعة الفكر التسلطي.

الحالة: امرأة متزوجة متعلمة لها ثلاثة أطفال أصغرهم في الثانية من عمره، شعرت ذات يوم وهي تهم بتقطيع اللحم في المطبخ بأن تذهب إلى طفلها الذي يلعب أمامها وتقطعه بدلاً من اللحم وقد مالها الفكر فرمت بالسكين وحملت ابنها وهرعت من البيت، وقد تكرر الفكر عدة مرات في مناسبات أخرى إلى أن جاءت للاستشارة الطبية.

2. الاندفاع والرغبة الجامحة للقيام بعمل ما:

وفي هذه الحالة يشعر المريض هنا بأنه مدفوع، وأن هناك رغبة جامحة غير راضي عنها نحو القيام بعمل من الأعمال، وهو يحاول مقاومتها ولكنه لا يستطيع، وغالباً ما تكون هذه الاندفاعات في شكل عدواني أو انتحاري حيث يشعر المريض مثلاً برغبة ملحة في دفع صديقه أو أحد إخوته من النافذة، أو إلقاء نفسه من الطوابق العليا.

3. الطقوس الحركية:

وهي أكثر الأعراض شيوعاً، وتكون هذه الأعراض بشكل رغبة ملحة للقيام بحركات معينة للتخلص من إلحاح الفكرة الخاصة بذلك، مثل المشي على الخطوط البيضاء في الشارع، والمشي بطريقة معينة ولمس حديد الأسوار وعد الأشياء التي لا يعدها الناس كطوابق المنازل والشبابيك ودرجات السلم، والتوقيع على أية ورقة عدداً معيناً من المرات.

4. الأفكار التذكرية (الاجترارية Rumination):

وهي كالأفكار التسلطية، إلا أنها غريبة عن المريض فهي جزء من تجاربه السابقة والمنسية تبعث من جديد، أو غير مرغوبة ولا يستطيع نفيها من ذاكرته.

وقد تكون هذه الذاكرة كلمة تتردد في ذهنه باستمرار، أو حادثة سابقة ترتسم دقائقها في مخيلته أو مشكلته قديمة لم تعد لها قيمة كافية وتثير أشكالها من جديد وهذه الحالة توضح ذلك.

الحالة: آنسة في الخامسة والعشرين غير متزوجة أتمت الدراسة الثانوية شكت أن حوادث سابقة تتردد في ذهنا ومعها هذه الاستفهامات "لماذا قالوا ذلك؟ والكلمة نفسها تظل تتردد وتسيطر عليّ، وأنا طبعاً لا أريدها أن تتردد ولكنها تأتي...

وخاصة عندما أصبح تعبة أو عندما يؤذيني شيء ما تأتي الحالة في أول فترة النوم وأحاول مقاومتها، أقرأ حتى أتلهى وأعمل حتى أنشغل".

5. **المخاوف القهرية:**

تكون هذه المخاوف وسيلة للهروب من الموقف القهري.

مثال: سيدة كانت تخاف من المكروبات لذلك كانت تضع أولادها طوال النهار داخل الحمام للاستحمام صيفاً وشتاءاً مما أساء إلى صحتهم، حتى أن هذه السيدة أصبحت تغسل كل ما يقع بين يديها من تلفون وراديو وتلفزيون...الخ، وكان زوجها يتضايق من ذلك دون أن يفهم معنى هذا المرض كما أنه لم يستطع توجيهها ومنعها من ذلك.

الأفعال القهرية Compulsive acts:

إن الأفعال القهرية تتشابه في الصفات العامة وفي الأعراض مع الوسواس القهري، والملاحظ أن تكرار أي فعل بصورة عادية لا يعتبر في حد ذاته مظهراً من مظاهر السلوك المرضي، إلا إذا أثر هذا التكرار تأثيراً سيئاً في العلاقات الاجتماعية، وأقام عائقاً بين الفرد وبين إشباع حاجاته، وغالباً ما يدل التكرار القهري على عدم الاطمئنان العام وعلى الشك في الأمور، وللأفعال القهرية أشكال مختلفة حسب اختلاف الحالات نذكر منها:

1. **التكرار القهري**: مثل المراجعة الزائدة عن الحد للعمل الذي يؤديه الفرد المريض، كالتأكيد عشرات المرات من قفل الأبواب والنوافذ قبل النوم أو فض ظرف الخطاب بعد لصقه عدة مرات لمراجعة ما كتب فيه.

2. **النظام القهري**: هو حرص المريض تماماً على وجود كل شيء في مكانه، فتجد المريض ينزعج إذا حرك أحد مفرش منضدته، أو وضع كتاباً بشكل

أفقي وكان يضعه في مكتبه بشكل رأسي وهكذا (الهابط، 1983/82، ص 72).

3. **السحر القهري**: ويتمثل في انزعاج المريض الشديد إذا نسي ترتيل جملة أو عبارة قبل البدء في عمل، أو نسي أن يأخذ حجاباً معيناً عند خروجه من المنزل.

4. **الأفعال القهرية المناهضة للمجتمع**: وأهم هذه الأعمال السرقة القهرية وهناك ما يسمى بجنون الحرائق وهوس شرب الخمر والهوس الجنسي.

وهناك نوع آخر من الأفعال القهرية المخالفة للمجتمع هو ما يسمى بالانحرافات الجنسية بالفيتشزم القهري ويكثر هذا المرض بين الرجال الذين يجمعون الأشياء التي تثيرهم جنسياً.

وهناك بعض الأفعال القهرية المخالفة للمجتمع يلعب فيها الرجال الدور الأكبر، من هذه الأفعال مثلاً ما يسمى بالتطلع الجنسي واستعراض الجسم بدون خجل واستراق السمع.

أسباب الإصابة بهذا المرض:

ترجع معظمها إلى عقدة الذنب التي تنتج عن الآتي:

1. كبت الدوافع السيئة في اللاشعور كالدافع إلى العدوان مثلاً، فإذا ما انطلقت مثل هذه الدوافع من اللاشعور شغلت تفكير الفرد بصورة وساوس.

2. التربية الخاطئة للأبناء منذ صغرهم كالإسراف في لوم الطفل وتأنيبه وإشعاره بالذنب في كل ما يفعل، أو الإمعان في تهويل أخطائه وإهمال حسناته مما يؤدي إلى تكوين ضمير صارم لديه هذا الضمير الصارم الذي يحاسب الفرد على الهفوة والهوة، ويعاقبه على اللفتة والحركة، فيصير

الفرد شديد الحساب لنفسه، شديد السخط على ما يفعله أو يفكر فيه فيرى في أبسط أخطائه ذنوباً لا تغفر، ويلوم نفسه على أمور لا يلومه عليها أحد، ويستبد به شعور غامض مستمر بأنه مذنب آثم وحتى إن لم يكن قد أذنب، مما يجعله يندفع لا شعورياً إلى توقيع العقاب على نفسه وقد يكون هذا العقاب في شكل أفكار أو خواطر تسبب له الألم، كتسلط فكرة أنه سيموت في حادث مؤلم أو أنه إنسان فاشل لا يصلح لشيء.

3. تجنب مواجهة المشكلة الحقيقية: قد تصبح القهرية والكمالية أسلوباً للتحويل، حيث يتم تجنب المصدر الحقيقي لعدم الارتياح بإنجاز سلوك "أمن"، وهكذا فإن الصعوبات والصراعات الحقيقية لا تواجه ولا تحل، وبدلاً من محاولة الحصول على دعم ورعاية الآباء ذوي العواطف الباردة يتم الانشغال بالسلوك الطقوسي، وكذلك يمكن تجنب المشكلات مع الرفاق أو مشكلات المدرسة عن طريق الانهماك بالتفاصيل الدقيقة للمواقف، كما يمكن تجنب المشاعر الجنسية الطارئة بواسطة النشاط القهري، فبأي شعور قوي يمكن إضفاؤه وتحويله إلى تصرف طقوسي أو حاجة قهرية للإنجاز الكامل، ويصبح السلوك النمطي لدى الطفل هو تجنب المشكلات وعدم حل الصراعات وعدم التعبير عن المشاعر بوضوح، ولذا يبدو ذلك الطفل وكأنه يتسم بالآلية فهو يفي بالتزاماته إلا علاقاته مع الآخرين يعوزها الدفء العاطفي والأخذ والعطاء بيسر (ستيفر، ميلمان، 1989، ص 221).

4. إن البيئة التي ينشأ فيها المريض بالحواذ تكون عادة قزمته لتصف فيها الأبوان بالتسلط والتمسك بالمعايير الخلقية الجامدة والسلوك الناهي عن الانحراف، ويرون أن النكوص إلى المرحلة الشرجية السارية هو الأساس في تكوين العصاب القهري والأعراض الحواذية ما هي إلا صورة حادة لسمات الشخصية الشرجية التي تتصف بحب النظام والنظافة والعند والبخل والجمود.

5. حسب نظرية التعلم فإن الوسواس يمثل مثيراً مشروطاً للقلق، وبسبب الارتباط مع مثيرات القلق غير المشروطة فإن الأفكار الوسواسية تكون لها القدرة على إثارة القلق، أي نمط جديد من السلوك قد تم تعلمه، الأعمال القهرية تحدث عندما يكتشف الشخص أن عملاً معيناً مرتبطاً بالأفكار الوسواسية قد يخفف من القلق، وتدريجياً وبسبب الفائدة في تخفيف الدينامية الثانوية للألم (القلق) فإن هذا الفعل يصبح ثابتاً من خلال النموذج المتعلم للسلوك.

المصير المرضي لحالات التسلط:

إن الطبيعة المؤلمة لهذه الحالات مع ملازمتها وتكرارها تثير اهتمام المريض عن مصيرها النهائي، إنه يمكن القول مع التحفظ "بأن المرض التسلطي طويل الأزمان، وقد يستمر عدة سنوات، وقد ينقطع فجأة ويعود بعد مرور أمد طويل إذا توفرت بعض الظروف النفسية أو المرضية الجسمية التي تساعد في إثارته من جديد، ويمكن القول بأن معظم حالات الفكر والعمل التسلطي التي تصيب الأطفال تختفي عند البلوغ، وفي بعض المرضى تتوقف الحالة المرضية فجأة، أو تتحول حالة مرضية أخرى كالقلق أو التحول العصبي أو الوسواس المرضي.

أما إمكانية فقدان المصاب لسيطرته العقلية فهذا لا يتم في تلك الحالات التي تنحصر ـ في المجال النفسي ـ على أن هنالك بعض الحالات التسلطية التي تعتبر مقدمة لمرض عقلي كمرض الشيزوفرينيا ومصير هذه الحالات مرتبط بمصير المرض الذي تتطور إليه، وهو مصير خطير فيما يتعلق بمرض الشيزوفرينيا، ومصير أقل خطر إذا تطور الفكر التسلطي إلى مرض الكآبة، على أنه في هذه الحالة قد لا يخلو من خطر جسيم وهو إمكانية إقدام المريض إقداماً اندفاعياً تسلطياً على محاولة الانتحار.

تشخيص عصاب الوسواس القهري:

قد تلاحظ بعض أشكال خفيفة من الفكر الوسواسي والسلوك القهري عند الشخص العادي، وفيصل اعتبار الفكر وسواسياً والسلوك قهرياً هو تكرار وقوعه وظهور القلق والتوتر عند مقاومته وإعاقة أو منع الفرد من تأدية عمله اليومي والتأثير على كفاءته وسوء توافقه الاجتماعي، ويجب المفارقة بين عصاب الوسواس والقهر كمرض في حد ذاته أو كمرض من أعراض مرض آخر مثل ذهان الهوس والاكتئاب أو الفصام. (زهران، 1977، ص 427).

لذلك يجب علينا فحص المريض عضوياً من أخصائي بشري، ثم من قبل أخصائي نفسي، ويكون ذلك بدقة فائقة، وقد بينت الدراسات أنه من الصعب تشخيص العصاب الوسواسي في الشخصيات الانطوائية مع غموض في السلوك، وفي الأفكار القهرية وخاصة إذا صاحب ذلك بعض الأعراض الذهانية (للباراتوريا)، فقد يتجه التشخيص الخطأ نحو الفصام ونحن نعلم أن العلاج يختلف بين العصاب القهري وبين الفصام، لذلك يجب معرفة ذلك في المراحل الأولى من عملية التشخيص.

العلاج:

1. **استخدام إعادة الاشتراط Reconditioning:**

- يقتن السلوك القهري بالشعور بالأمن (أو تجنب القلق) ومن الضروري إعادة إشراط الطفل بحيث لا يبقى السلوك القهري ضرورياً لتجنب القلق، وتستخدم بعض الاستراتيجيات لإشراط الطفل بحيث يصبح قادراً على أن يتصرف دون طقوسية أو كمالية وهو يشعر بالارتياح في الوقت نفسه.

إن تعليم الفرد الاسترخاء من خلال شد ثم رخي جميع عضلاته مهمة تحول دون ظهور القلق الذي يؤدي إلى السلوك القهري.

وهناك طريقة أخرى أكثر قوة وهي تعليم الاسترخاء ثم تقليل الحساسية التدريجي بحيث لا يحتاجون إلى الانهماك في السلوك المكرر من أجل تجنب القلق، فعندما يكون المريض مسترخياً اطلب منه أن يتخيل نفسه ممتنعاً عن القيام بطقوسه المعتادة، وفي كل مرة يتخيل فيها المريض هذا المشهد يصبح أقل قلقاً من السابق، وبذا يصبح قليل الحساسية تجاه أداء الطقوس، ويتمكن تدريجياً من أن يتصرف بحرية، فكثير من المرضى يشعرون مثلاً بأن عليهم أن يرتبوا الأشياء بدقة وإلا شعروا بالقلق والانزعاج، وعندما يكونوا في حالة استرخاء، اطلب منهم أن يتخيلوا بأنهم تركوا غرفهم دون ترتيب أشيائها، فهم يتصورون أنهم غادروا الغرفة ويتعلمون أن بوسعهم الشعور بقلق بسيط دون أن يطغي عليهم أو يدمروا وفي كل يوم يقومون بتصور المشهد نفسه إلى أن يتمكنوا من تخيله دون الشعور بالقلق، ثم يطلب منهم أن يتركوا غرفهم دون ترتيب ويهنأون على تقدمهم.

- وهناك شكل آخر من الأساليب العلاجية السلوكية والذي يتضمن تعريض المريض بشكل فعلي ومباشر للموقف أو الحالة التي تثير عادة الفكر التسلطي أو الفعل القهري، وهذا الأسلوب يستغرق عادة من 4 – 6 أسابيع يعالج فيها ما معدله 23 جلسة علاجية، وكمتدربة للعلاج يقوم المعالج والمريض بإعداد سلم متصاعد الدرجات من المواقف المثيرة لفكره وفعله التسلطي، ومن ثم يبدأ العلاج بتشجيع المريض على مواجهة هذا السلم التدريجي والتعرض إلى التجارب المبكرة لتسلطه ابتداءً من أقلها إثارة وحتى أشدها إثارة، وقد قام آخرون بتطبيق علاج معاكس يبدأ بأعلى الدرجات ثم ينتهي بأقلها، كما جرب آخرون التعرض البطيء أو التعرض السريع في مواجهة هذه المواقف وفي كل حالة وجد بأن أفضل النتائج تحدث إذا قام المعالج نفسه للتعرض إلى هذه المواقف أمامه بشكل يتسم بالهدوء والاطمئنان.

- التصحيح الزائد هو شكل آخر من إعادة الإشراط، وهو يتمثل في إظهار السلوك المشكل بشكل زائد، فلكي يتم التغلب على العادة غير الضرورية يطلب من المريض أن يقوم طوعياً بتكرار السلوك القهري أو الكمالي، وفي بعض

الأحيان قد تستخدم المكافأة أو العقوبة للتأكد من إطاعة الطفل، فعندما يبدأ الأطفال بصف الأشياء أو اللمس أو المحو...الخ، يطلب منهم التوقف وأداء تمرينات بأذرعهم وأيديهم لمدة خمس دقائق، فمثلاً يمكن أن يرفعوا أذرعهم فوق رؤوسهم ثم يلمسوا أكتافهم ثم يضعوا أيديهم على وسط ثم يلمسوا أكتافهم ثم يضعوا أيديهم فوق رؤوسهم....الخ.

وبعد تكرار ذلك عدة مرات تبدأ العادات القهرية بالضعف في أغلب الأحوال.

2. العلاج النفسي:

ويهتم هذا النوع من العلاج بتفسير طبيعة الأعراض، ومعرفة الأسباب، وتشجيع المريض والعمل على تخفيف القلق والتوتر الملازم لحالته والعمل على توضيح المعنى السري لأعراضه، وأن تبين له بأن مرضه بعيد عن الجنون، وقد واجه العالم الفرنسي (أوتو فينكل Fenichel, Bttos) عام (1931) صعوبات كبيرة في علاج هذا النوع من الأعصبة بطريقة التحليل النفسي وقد لخص فينكيل هذه الصعوبات بما يلي:

1. صعوبة في عملية التحويل مع عدم وجود التعاون الوجداني بين المعالج والمريض.

2. التغير المستمر في أعراض المريض مما يجعل الاستمرار في تحليل الأعراض صعباً.

3. لا يستطيع المريض تحقيق الاسترخاء التام لعملية التداعي الحر نظراً لملاحظته الدائمة لكلامه ولسلوكه، وهذا من طبيعة الشخصية الوسواسية.

4. يعتمد المحلل النفسي في علاجه على استعمال الجزء المتكامل المتبقي في شخصية المريض لتحقيق التقدم البطيء في التحليل، وفي حالات الوسواس

القهري المزمن تكون العملية صعبة جداً بسبب تداخل شخصية المريض في المرض نفسه، ومع ذلك لا زال البعض يستخدم التحليل النفسي في علاج هذا العصاب.

3. العلاج الطبي بالأدوية المهدئة لتقليل حدة الاضطراب والتوتر المصاحب للوسواس والقهر (مثل ليبريوم Librum) ويوصي بعض المعالجين باستخدام علاج النوم المستمر في بعض الحالات.

وتفيد أحياناً بعض العقاقير المضادة للقلق والاكتئاب، والتي تساعد على تخفيف التوتر والاكتئاب المصاحب للوسواس، مما يجعل المريض أكثر على مقاومة مرضه ومن العقاقير المفيدة في هذا المجال (Sibon) الذي يسمى بحبوب السعادة أحياناً، والأنديرال Inderal، والأنسيدون Insidon، والكونكوردين Concordin، والآفينتال Aventyl، أوبلفون Oblivon، نارديل Nardil، فاليوم Valium.

4. العلاج الاجتماعي والعلاج البيئي مثل تغيير المسكن والعمل، كي يبتعد المريض عن مصدر الوسواس. (زهران، 1977، ص 428).

5. العلاج الجراحي: (شق الفص (الجبهي))، كآخر حل أحياناً وذلك في حالة استحالة التخلص من الوسواس والقهر الذي يعطل حياة المريض.

والواقع إن هذا النوع من العلاج الجراحي لا يشفي المريض تماماً بل يجعله لا يهتم بمرضه، والجراحة لا تستعمل في جميع حالات الوسواس القهري بـل في بعض الحالات الخاصة، والتي يتفق الأخصائيون عليها، كالحالات التي ترافقها أعراض اكتئابية شديدة قد تؤدي بالمريض إلى الانتحار.

دراسة حالة سوزان:

سوزان، 27 سنة، امرأة بيضاء، متزوجة، أم لطفلة في الثانية من العمر، عندما أتت للمعالجـة في المركز كانت منقطعـة عـن عملهـا كممرضة قانونيـة لمـدة 18 شـهراً، بسـبب الأفكـار الوسواسـية – القسرية، وقد أبلغت أيضاً عن مشاكل زوجية عزتها إلى أعراضها وأيضاً إلى فشل زوجها في الحصول على وظيفة محترمة بصفته يعمل آذناً.

المساعدة:

ركزت الجلسة الأولى على تحديد طبيعة المشكلة الأساسية ولذلك كانت الأسئلة موجهة عـلى المشكلة الحالية دلائل الخوف ونماذج التجنب والعلاقة بينهما، وهنا مثالاً على نموذج الأسئلة:

المعالج (م): لماذا لا نبدأ بماذا أتى بك إلى هنا؟

سوزان (س): أنا أغسل يدي طيلة الوقت، لا أعرف لماذا أفعل ذلك، أنا أعرف أنها غير منطقية ولكني لا أستطيع منع نفسي.

م: ما هي الأشياء التي تجعلك تغتسلين؟

س: أشياء عديدة، إنها جنون، أنا محرجة في التحدث عن ذلك، إنها أعمال غبية.

م: هل تغتسلين لأن أشياء معينة تجعلك تشعرين بالقذارة؟

س: نعم.

م: ما هي هذه الأشياء؟

س: أي شيء له علاقة بمرض الفطريات (Pseudmonis).

م: ما هي الفطريات؟

س: إنه مرض معدٍ تعلمت عنه عندما كنت ممرضة، يجب أن تأخذ جميع الاحتياطات الصحية إذا كنت تعمل بجواره "لم أكن حقيقة أقلق على ذلك، لا أعرف ماذا حدث لي، أنا أعمل أشياء غريبة جداً ولا أستطيع أن أمنع نفسي، هل تعلم لماذا أنا أفعل ذلك؟

م: إن كنت تعني هل أعرف كيف بدأ ذلك فالجواب لا، إذا كنت تسألين لماذا أنت تعلمين ذلك فأقدر أن أشرح لك ذلك، أنا افترض أنك عندما تلمسين شيئاً ملوثاً بالفطريات أنت تصبحين قلقة جداً.

س: نعم (بهزة رأس).

م: نحن كلنا تعلمنا أن نغتسل حين نلمس أشياء قذرة (أمراض معدية) عندما تعتقدين أنك أصبت بالفطريات تقلقين جداً، وتشعرين براحة عند الاغتسال وبهذه الطريقة تعلمت أن الاغتسال يخفف قلقك، تغتسلين وتعلمين بعدم منطقية الغسيل لتشعري براحة أكثر.

س: أليس جنوناً مني أن أصبح قلقة؟

م: هل تقصدين جنوناً كفقدان السيطرة على نفسك واتصالك بالواقع؟

س: نعم، إني خائفة من عدم السيطرة على قلقي، أشعر بأني سأنفجر.

م: أقدر أن أجيبك بأنك لست مجنونة، في الواقع، اغتسالك منطقي من وجهة نظر اعتقادك بأنك ستجنين من القلق، وأيضاً عندما تعتقدين أن الفطريات ستنتقل بطريقة غير مباشرة، وبغض النظر عن بعدها، فمن غير المفاجئ أن تشعري بالتهديد وتغتسلي كثيراً.

بقية الجلسة كانت لاكتشاف طقوس سوزان وبعض المثيرات المرتبطة، باختصار عندما تشعر سوزان بالتلوث سوف تغسل يديها حتى الكوع، قبل الاغتسال تنظف الحنفيات والمغسلة التي لوثتها بأيديها الملوثة، وبعدها تفرك أصابعها واحداً واحداً وببطء حتى تصل إلى كوعها.

وهذه العملية تأخذ حوالي 20 دقيقة من وقتها، ولكن عند فقدان التركيز أو في الأيام السيئة أو عند المقاطعة تبدأ الطقوس من جديد لتأخذ إلى مدى 3 ساعات وهذا مما سبب التلف ليديها وراحتيها.

في نهاية الجلسة الأولى أعطت سوزان عدداً من الاستبانات بما فيها Beck Depression Inventory للإجابة عليها في المنزل، وطلب منها أيضاً كتابة قائمة بالمواقف والأشياء التي تثير الدافع (الإحساس) للاغتسال.

خلال الجلسة الثانية والثالثة احتصل على تاريخها النفسي ـ المختصر ـ ومعلومات عن بداية الأعراض، أجزاء من هذه الجلسات بالإضافة إلى الجلسة الرابعة كانت مخصصة لتخطيط العلاج، وتظهر هنا مجموعة من مواقف التعرض Exposure وملاحظة ردود التجنب Avoidance Response تمهيداً لإغلاقها.

وفيما يلي قائمة بالمواقف ومعدلات القلق المرافقة SVDs:

- أي شخص مريض بالفطريات.   100.

- موظفين مستشفى يتعاملون مع مريض بالفطريات.   95.

- الوجود في المستشفى ولمس غرض هناك.   90.

- المراحيض العامة.   80.

- المطاعم. 75.

- محلات البقالة. 70.

- منتجات طازجة. 60.

- الطعام المعلب. 50.

- أشياء ليست للأكل. 40.

- الحديقة على بعد شارعين عن البيت. 30.

وقد تم مناقشة هذا البرنامج مع سوزان.

م: دعينا نتحدث عن ماذا سنفعل خلال المعالجة.

س: هل تعتقد بأني حالة مستعصية.

م: لا، ولكن سوف تكون المعالجة صعبة، عندما أتحدث عن المعالجة ستشعرين أنك لـن تسـتطيعي المضي بها، ولكني أعتقد أنك ستجدين نفسك أقوى مما تتصورين، دعيني أشرح لك كيفية المعالجة، لنبدأ بمثال لمشكلة مختلفة قليلاً لنفترض أنك خائفة من القطط.

س: كنت أتمنى ذلك، إنها أسهل بكثير.

م: يمكن للخوف من القطط أن يكون متشابهاً، مشاكل الآخرين دائماً تبدو أسهل، على أي حال كل مرة تشاهدين قطة سوف ترتعبين، والطريقة المثلى للتصرف هو الهروب في كل مرة تقتربين مـن قطـة، والمشكلة بذلك أنك ستقضين معظم الوقت هاربة، ومع مـرور الوقت سـوف تسـتفحل المشكلة وستخافين من قطة على بعد شارعين منك وليس قدمين، وبالنهاية ستجدين نفسك تكرسين وقتك

وجهدك بالبحث عن القطط لتهربي منها، الآن تصوري أني وضعت قطة في حضنك ماذا سيحدث.

س: سوف أقفز للسقف.

م: تماماً لأنك ولفترة لم تكوني على بعد شارعين من القطة والآن إنها في حضنك، سوف تبدأين بالقلق، لديك اختياران إما أن ترمي القطة بعيداً وتهربي، أو أن تقرري أن تجلسي- هنا والقطة في حضنك، شيئاً فشيئاً سينخفض مستوى القلق لديك، المشكلة أحياناً أن معدل القلق يزداد قبل أن يبدأ بالهبوط، وعلى المدى القصير سوف تعاني ولكن على المدى البعيد لن تضطري أن تحددي حياتك.

س: هل تعتقد حقاً أن بالإمكان عمل ذلك.

م: نعم.

س: ماذا سيحدث إن رفضت أن ألمس شيئاً.

م: سوف تستمر مشكلتك، أنا أعرف أن العلاج صعب، سوف أعطيك تلفون مكتبي وبيتي، اتصلي بي أي وقت تحتاجين، نهاراً وليلاً متى احتجت المساعدة للتغلب على لحظة حرجة.

س: أنا أقدر لك ذلك، أرجو أن لا تنزعج من مكالمات في الثالثة صباحاً.

وصفت مكونات العلاج الثلاثة لسوزان وأعطيت قواعد لمنع الاستجابة كما وصف سابقاً، ونوقش أيضاً برنامج التعرض، ورتبت المشاهدة التخيلية بالترتيب، في المشاهدة الأولى تخيلت هي وابنتها ربما تحملان الفطريات، وفي أقصى درجات التخيّل وإثارة القلق طلب منها تخيّل أنها حقاً أصيبت بالفطريات نتيجة إهمالها، وفي المشهد الأخير تتصور أن ابنتها ماتت وأنها أي سوزان مشارفة على الموت.

بعد وصف المعالجة، ناقش المعالج النتائج المتوقعة بعد ثلاثة أسابيع من بدء العلاج.

م: بعد ثلاثة أسابيع سوف تتعودي على عدم الاغتسال، وعلى أي حال يمكن أن يبقى لديك أفكار وسواسية تجعلك تشعرين بشيء من القلق، هذه سوف تخف بمرور الوقت، من المهم جداً أن تستعملي الأسلوب الذي تعلمتيه في العلاج متى احتجت ذلك، ويمكن أن أراك من فترة لأخرى لمساعدتك في التقدم.

س: وهل سأكون حرة أبداً من الأعراض؟

م: ربما ولكن بعض الأعراض تظهر على فترات، ولكن باستطاعتك منعها من السيطرة على حياتك، يلجأ البعض عادة إلى الهروب بطرق كالكحول، يوماً ما سوف يصدمون بقلق مرعب ويجدون أنفسهم يمارسون الطقوس من جديد، وبدلاً من تطبيق ما يتعلموه في العلاج يقولون لأنفسهم "عودة إلى البداية، لماذا لا أستسلم" وهذا بالطبع غير منطقي، يمكنك بالطبع التغلب على المشكلة ثانية ولكن كلما انتظرت أكثر كلما زادت الصعوبة في السيطرة.

س: ولهذا سأكون دائماً مريضة؟

م: لم أقل هكذا، سوف تكون لديك فترات تحرر من المرض، ويمكن أن تعود الأعراض بدرجة خفيفة.

العلاج:

في الجلسة الأولى ارتفع معدل القلق SVDs عند سوزان عند التعرض التخيلي إلى 70 ونزل في نهاية التعرض إلى 40، وجرى التبادل في أول الجلسة كالتالي:

س: أنا جداً قلقة، معدل قلقي حوالي 80 وأنا لم أبدأ بعد.

م: البداية صعبة دائماً لأنك لا تعرفي ماذا تتوقعين أو كيف ستشعرين بعد كل تعرّض، هل أنت جاهزة، لنبدأ بمنتجات غير غذائية من البقالة، عندي باكيت صحون ورق وفتاحة علب، هل أنت جاهزة.

س: نعم.

عندئذٍ أعطاها المعالج باكيت صحون الورق غير النظيف وفتاحة العلب بعد تمريرها علـى شعره ووجهه وملابسه.

م: الآن اعملي تماماً كما فعلت أنا، (هي فعلت)، الآن ما هو معدل القلق.

س: حوالي 35.

م: ماذا حدث لـ 80.

س: لم تكن سيئة كما تخيلتها.

م: حسناً عدة أشخاص يكتشفون ذلك، توقّع التعرض عـادة أسـوأ بكثير مـن الحادثـة نفسـها، ودائمـاً سأقول لك إنها مجرد مخاوف توقع تلك التي تقودك إلى سلوك تجنب متطرف.

في نهاية الجلسة كانت سوزان قد عرّضت نفسها إلى الطعـام المعلـب، أي أنهـا لمسـت فعليـاً محتويات العلبة نفسها، كان الطعام نفسه أكثر رعباً لأنها شـعرت بأنـه يـؤمن البيئـة المناسبة لنمـو الجراثيم، واعتبرت أيضاً أن العلب الكرتونية Food Boxes نفّاذة أكثر من العلب المعدنية.

وكوظيفة بيتية طلب منها أن تصغي إلى أشرطة التعرض التخيلي من جلسة ذلـك اليـوم وأن تعرّض نفسها لكل شيء في البيت بما فيها ابنتها وإلى الطعام الملوث لمدة ثلاث ساعات.

من الجلسة الثانية للرابعة كانت بدون أحداث، استجابات سوزان للتعرّض رفعت القلـق إلى 80 أو 90 وثم تهبط إلى 20 أو 35، فحوى المشاهد التخيلية تراوحت مـن الشـك بأنهـا وابنتهـا لـديهم فطريات إلى أنهم حالات بسيطة إلى أنهم حالات صعبة جداً، وقد أبلغت عن غسل يدين "غير قانوني" لمدة 5 دقائق، وبعد مجادلة مع زوجها وافقت على إعادة تلويث يديها بلمس أعضائها الجنسية بكلتـا اليدين.

تطور العلاج من لمس مواد الطعام إلى أكل وجبـة كاملـة في المطعـم وإلى لمـس المـاء داخـل المرحاض العام في محطة بنزين، تضمن الواجب البيتي بأخـذ أكـثر الأشياء تلوثـاً وإحضـاره إلى البيت لتلويث كل شيء.

تضمنت الخطة للجلسة الخامسة بحـذف التعـرض التخـيلي للسـماح بوقـت أكـثر للتعـرض الفعلي في موقف للسيارات التابع للمستشفى حيث تولى المعالج القيادة بنفسه.

س: لا أقدر على ذلك، أنا قلقة جداً.

م: كم هو معدل قلقك؟

س: 100.

م: إذا لن تكوني قلقة أكثر من 100.

س: هذا صحيح.

م: ماذا عن الأيام التي تعودت الجلوس فيها في السرير عارية ومشلولة مـن الخـوف، هـل أنـت لـذاك المدى قلقة؟

س: لا.

م: إذن أنت لست 100.

س: إذن أنا 95، ما الفرق؟ لن أتغلب على ذلك أبداً، هذا مستشفى لن تضمن لي أني لن أصاب أبداً.

م: هذا صحيح ولكن من الناحية الأخرى لا أعرف ما هي الاحتياطات التي سـوف تحميـك، ومـا أعرفـه أيضاً أنه باستطاعتك تجاوز هذه المشكلة.

س: لا أريد أن يكون لي علاقة بالمستشفيات، لماذا لا نعمـل عـلى شيء آخـر، أنـا أقـدر أن أعـيش حيـاة طبيعية.

م: لا لن تقدري، إذا لم تحاولي التغلب على هذا، عاجلاً أم آجلاً ستتوسع دائرة الخوف وستخسرـين مـا حققتيه، فربما اضطرت ابنتك الذهاب إلى المستشفى لكسر في قدمها أو "بنـات أذانهـا" فلـن تكـوني هناك لتشجعيها، نحن على بعد شارعين من هناك، هل تستطيعين أن تخرجي مـن السـيارة وفقـط تقفي هنا.

س: نعم.

م: إذن هيا بنا (خرجت سوزان والمعالج من السيارة)، هل تقـدرين أن تأخـذي خطـوة واحـدة باتجـاه موقف السيارات.

بعـد 20 دقيقـة مـن التقـدم بهـذا الأسـلوب استطاعت سـوزان أن تمشي- فعليـاً فـي موقـف السيارات.

وبسبب معدل القلق العالي أجّل تعريض سوزان إلى مريض بالفطريات إلى الجلسـة الثامنـة معارضاً لتخطيطها المسبق بإيصالها في الخامسة أو السادسة لكل جلسة كان هناك إعادة للحوار المقدم في الجلسـة الخامسـة ولكـن المجادلـة أو الممانعـة كانـت تأخـذ وقتـاً أقـل، وإقناعهـا بلمـس مـريض بالفطريات أخذ فقط 15 دقيقة،

ولأنها أصبحت منافسة في عمل أشرطتها الخاصة سمح لها بقضاء ساعة واحدة من الواجب البيتي في الاستماع أو إعداد أشرطتها الخاصة.

خلال الجلسات المتبقية ذهبت سوزان ومعالجها إلى مستشفيات مختلفة للبحث عن مرضى فطريات، لمس حمامات المستشفى، الأكل في الكفيتيريا وهكذا.

بنهاية المعالجة، أثارت هذه المواقف معدل قلق 20 وشعرت بصعوبة قليلة في تطبيق منع الاستجابة خلال المعالجة.

في نهاية الأسبوع الثالث من المعالجة زار المعالج بيت سوزان مرتين، ملوثاً البيت كله بمواد من المستشفى ووضع أيضاً برنامج متابعة يومي للعلاج، وسمح لها بأخذ حمام (شاور) يومي لمدة عشر دقائق وبتلويث نفسها مباشر بعد ذلك.

وسمح لها أيضاً بغسل يديها 5 مرات يومياً ولمدة 30 ثانية كل مرة على شرط تلويثها بعد الغسل بنوع من الملوثات، ولم يسمح لها بغسل أي نوع من المأكولات ما عدا المنتوج الطازج.

المتابعة:

قررت سوزان المراجعة أسبوعياً لتستفيد من المعالجة، وبعد الجزء المكثف وجدت أن سلوكها تحت السيطرة، ولكنها لم تزل موسوسة بالفطريات وعندها إحساسات (verges) خفيفة للطقوس، كثافة هذه الأعراض خفّت مع الوقت، خلال فترة المتابعة عملت على التأكد.

أربعة أشهر بعد العلاج المكثف قررت سوزان أن تطبق زوجها، خلال أول أسبوعين من الانفصال أبلغت عن اشتعال الأعراض ولمدة يومين انخرطت في الغسل القاسي والذي بعده طبّق برنامج التعرض ومنع الاستجابة.

الخاتمة

قال تعالى: "وقل اعملوا فسيرى اللـه عملكم ورسوله والمؤمنون"

صدق اللـه العظيم

وفي نهاية هذا الكتاب الذي أسأل اللـه تعالى، أن أكون قد وفقت بتقديمه عوناً لإخواننا في الحياة على مواجهة مشكلاتهم، وأزماتهم، وزيادة استبصارهم بطرائق عملية جديدة، فيها الفائدة والعلاج والوقاية.

و اللـه من وراء القصد

المراجع العربية:

1. أنتوني روبنز (2000)، أيقظ قواك الخفية، ترجمة مكتبة جرير.

2. بشير عمورية (2000)، مدى انتشار الاكتئاب النفسي بين طلبة الجامعـة، دراسـة منشـورة في / مجلة علم النفس (عدد يناير) ص 122 – 147).

3. حامـد الفقـي (1990)، نظريـات الإرشـاد والعـلاج النفسيـ الجـزء الثـاني ط / 1، دار القلـم الكويت.

4. حامد زهران (1985)، التوجيه والإرشاد النفسي، ط/ 2، عالم الكتب، مصر.

5. جمال الخطيب، (1995)، تعديل السلوك الإنساني، ط / 3، مكتبة الفلاح، بيروت.

6. جين ماري ستاين (2000)، كيف تضاعف قدراتك الذهنيةـ ترجمة مكتبة جرير.

7. داون شلتز (1983)، نظرية الشخصية، ترجمة حمد الكربولي، عبد الرحمن القيسيـ مطبعـة جامعة بغداد.

8. سهير كامل أحمد (2000)، التوجيه والإرشاد النفسي، مركز الإسكندرية للكتاب، مصر.

9. صبحي المعروف (1986)، نظريات الإرشاد النفسي والتوجيه التربوي، مطبعة دار القادسية.

10. عادل عبد اللـه محمد (2000)، العلاج المعرفي السلوكي – أسس وتطبيقات، دار الرشاد، مصر.

11. عادل عبد الله محمد (2000)، دراسات في الصحة النفسية - الهوبة - الاغتراب - الاضطرابات النفسية، دار الرشاد، مصر.

12. عبد الستار إبراهيم (1998)، الاكتئاب اضطراب العصر الحديث فهمه وأساليب علاجه، عالم المعرفة 239.

13. موفق الحلبي (2000)، الاضطرابات النفسية عند الأطفال والمراهقين - أسبابها - أعراضها - الوقاية منها - معالجتها، ط/2. مؤسسة الرسالة بيروت.

14. هول. ك. ج. لندزي (1969)، نظريات الشخصية، ترجمية: فرج أحمد، قدري حفني، لطفي فطيم، مطبعة القاهرة، مصر.

15. إبراهيم عبد الستار والدخيل، عبد العزيز بن عبد الله وإبراهيم رضوي، (1993).

16. العلاج السلوكي للطفل: أساليبه ونماذج من حالاته، الكويت: المجلس الوطني للثقافة والفنون والأدب.

17. الحجار، محمد حمدي، (1987)، أبحاث في علم النفس السريري والإرشادي (ط1). بيروت، لبنان: دار العلم للملايين.

18. الرفاعي، نعيم، (1987)، الصحة النفسية: دراسة في سيكولوجية التكّف، (ط7). دمشق: المطبعة التعاونية.

19. الزراد، فيصل، (1984)، علاج الأمراض النفسية والاضطرابات السلوكية (ط1). بيروت، لبنان، دار العلم للملايين.

20. سمارة، عزيز والنمر، عصام، (1991)، محاضرات في التوجيه والإرشاد (ط1). عمان: دار الفكر للنشر والتوزيع.

21. شيفر، شارلز وميلمان، هوارد، (1991)، مشكلات الأطفال والمراهقين وأساليب المساعدة فيها (نسيمة الدواء، ونزير حمدي، مترجمات)، عمان: الجامعة الأردنية.

22. غالي، محمد أحمد وأبو عليم، (1974)، القلق وأمراض الجسم، دمشق الحيلوني.

23. كفاحي، علاء الدين، (1987)، الصحة النفسية (ط2)، القاهرة: مكتبة الأنجلو المصرية.

24. مرسي، كمال إبراهيم، (1979)، القلق وعلاقته بالشخصية في مرحلة المراهقة، القاهرة: دار النهضة العربية.

25. وزارة التربية والتعليم، (1988)، برنامج في تعديل السلوك، عمان: قسم الإرشاد التربوي والصحة النفسية.

26. الوقفي، راضي، (1989)، مقدمة في علم النفس (ط2)، عمان: المؤسسة الصحفية الأردنية.

27. الرفاعي، نعيم، (1979)، الصحة النفسية، الطبعة الخامسة، مطبعة ابن حيان، دمشق.

28. الزرّار، فيصل محمد خير، (1984)، الطبعة الأولى، الأمراض العصابية والذهانية والاضطرابات السلوكية، دار القلم، بيروت – لبنان.

29. زهران، حامد عبد السلام، 1977، الصحة النفسية والعلاج النفسي، الطبعة الثانية، عالم الكتاب القاهرة.

30. كمال، علي، 1988، النفس انفعالاتها وأمراضها وعلاجها، الجزء الأول، الطبعة الرابعة، دار وأسرة للدراسات والنشر والتوزيع.

31. الهابط، محمد السيد، 1983/82، التكيف والصحة النفسية، الأمراض النفسية – الأمراض العقلية – مشكلات الأطفال وعلاجها، المكتب الجامعي الحديث، محطة الرمل الإسكندرية.

32. شيفر شارلز ميلمان هوارد، ترجمة نسيمة داود، د. نزيه حمدي، (1989)، مشكلات الأطفال المراهقين وأساليب المساعدة فيها، الطبعة الأولى، عمان، الجامعة الأردنية.

المراجع الأجنبية:

1. Cory, Gerald (1996): Theory and practice of Counseling and psychotherapy, Brooks, cole publishing com N.Y.

2. Brown, Dune, Strebalus, David, J (1996).

3. Introduction to the connseling profession.2 ed, Allyn and Bacon.

4. George, R Cristiani (1990): counseling theory and practice, prentice Hall.

5. Patterson, c (1986): Theories of counseling and psychotheraph. Harper and Raw. NY.

6. Prochaska, J. & Norcross, J (1994): systems of psychotherapy, Brooks, cole publishing co. California.

7. Blocher, Donald H. (2000): counseling A developmental Approach, Newyork, John wiley & sons, Inc.

8. Cory, Cerald (1996): Theiory and practice of counseling and psychology, Brooks, Cole Publishing com.

9. Prochaska, James. and Norcross, John (1994). Systems of Psychotherapy, A Transtheoretical Analysis, Brooks, Cole publishing com.

10. Patterson C (1986). Theories of counseling and psychotheraph. Harper and Raw. N.Y.

11. Shilling. L. (1984). Perspectives on counseling theories, Englewood clifftala: Prentice Hall.

12. Gilliland, Burl, E. James, Richard, K., & Bowman, James, T. (1989) Theories and Strategies in counseling

and psychotherapy. New jersey: Prentice Hall Englewood? Diffs.

13. Hall, C. & Lindzey, G. (1978). Theories of personality. California: John Wiley & Sons. Inc.

14. Hjelle, L. & Ziegler, D. (1981). Personality theories, Basic assumptions research and Applications: Mcgraw-Hill Int.

15. Wallace, William, A. (1986). Theories of counseling and psychotherapy: A Bassic – Issues Approach, Boston Allyin, and Bacon, Inc.

16. Craigheed, E, Kaxdin, A & Mahoncy, M. (1976). Beharior Modification. Houghton Mifflin Company.

17. Eysenk, J. (1964) Experment in Beharior Therapy. Perogamon Press, LTD.

18. Gambrill, E. (1977). Theoriers of Counseling & Psychbherapy. Harper & Row.

19. Pattersen, (1986), Therories of Coumseling & Psychotherory. Harper & Row.

20. Rimm, D & Masters, J. (1979) Behavior – Therepy – A cademic Press, Inc.

21. Shilling, I. (1984). Perspectives on Counseling. Theories. Prentic – Hall, Inc.

22. Stern, R. (1978). Behavioral Techniquies. Academic press. Inc.

23. Walker, C. Eugene, and Roberts, Michal, C. (1983). Hand Book. Of Clinical Child Psychlogy. New Yourk: John Wiley & Sons Inc.

24. Costello, Timothy. W, Costello, Joseph. T, (1992). Abnormal Psychology, 2nd Edition, by Harper Collins Publishers, Inc. 10 East 53 rd street N.Y. 10022. U.S.A.

25. Davion, Gerald, C. Neale John M., (1990) Abnormal Psychology. Fifth Edition. Published, by John Wiley and sons. Inc. New York.

26. Hersen, Michel, Bellack, Alan S. (1985). Hand book of clinical Behavior Therapy with Adults. Plenum Press, New York.

27. Freedman, Alfred M. Kaplan, Harold I, Sadook, Benjamin J. (1973). Modern synopsis of Comprehensive Textbook of Psychiatry The Williams and Wilkins company. Baltimore, Md. 21202, U.S.A.

28. Eaton, Merrill T; Peterson, Margaret M; James, (1981) Psychiatry, Fourth Edition, Medical Examination. Publishing co. Inc. Garden City, New York.

المحتويات

Printed in the United States
By Bookmasters